すぐに ▼ 役立つ

◆財産分与から慰謝料・養育費・親権・調停・訴訟まで◆

最新 **離婚の法律相談と手続き 実践マニュアル**

弁護士 **森 公任** ／弁護士 **森元みのり** 監修

三修社

はじめに

　厚生労働省が公表している「人口動態統計（確定数）の概況」によると、令和元年の1年間の離婚件数は、21万組とされています。離婚をするためには、当事者間の話し合いが基本です。現に、離婚する人の9割以上が協議離婚です。ただ、話し合いには、通常、時間がかかりますし、合意できるとは限りません。本書を手にとった方の中にも、「急に離婚話を持ち出され、判断に困っている」「子どもへの影響を考えると、離婚に踏み切れない」という人もいるのではないでしょうか。このように夫婦のどちらか一方が離婚に反対しているような場合には家庭裁判所を通した調停や審判による離婚手続きをすることもあります。最終的には、離婚訴訟を起こして離婚の請求をすることも可能です。

　本書は、さまざまな理由から離婚を考えている人、将来的に離婚を考えている人のための入門書です。財産分与、慰謝料、年金の分割、養育費などのお金の問題、親権者になるための基準、法定離婚事由の内容や調停や審判、訴訟手続き、DV、浮気調査をする際の興信所利用の注意点など、82のQ&Aを掲載しています。公正証書、内容証明郵便、入籍届、離婚不受理申出書、離婚調停の申立書といった書式サンプルも掲載しています。

　なお、財産開示手続と第三者からの情報取得手続を規定した民事執行法改正（2020年4月施行）などの最新の法改正にも対応しており、巻末資料として養育費算定の目安になる、2019年12月に裁判所が公表した「養育費・婚姻費用算定表」（改定版）も掲載しています。

　本書をご活用いただくことで、皆様のお役に立つことができれば、幸いです。

監修者　弁護士　森公任　弁護士　森元みのり

Contents

第2章 財産分与・慰謝料の法律問題

巻末 最新 養育費算定のしくみと手順

第1章

離婚を考えたときに
まずしておくこと

1 離婚の法律的な意味を知っておく

双方の合意がなくても離婚できる場合もある

◉ 離婚とはどんなものなのか

　終生の共同生活を契り合ったはずの2人が、離婚する場合があります。相手方の浮気や暴力、金銭トラブルの問題、あるいは舅姑との不仲などの問題を抱えての離婚の他にも、表立った問題はないものの、お互いがより自分らしく生きるためのステップとしての離婚など、さまざまな離婚のかたちがあります。しかし、誰にとっても、離婚は人生における大きな出来事のひとつであることは確かでしょう。

　そのような個人的な重大事項は、当事者の意思で決定するのが基本ですから、離婚に際しては話し合いが欠かせません。厚生労働省の統計によると、離婚の約9割は協議離婚だそうです。

　しかし、離婚後、経済的に不安定な生活を余儀なくされたり、わが子と一緒に暮らせなくなったりするなど、重大な結果が起こることがあり得ますから、夫婦間での話し合いだけではどうにもならない場合も少なくありません。

　このような離婚の性質を踏まえて、わが国の法律では、離婚を成立させるためのステップを次のように制度化しています。

① 　協議離婚

　当事者同士での話し合いがまとまれば、離婚届の提出によって離婚することができるというものです。前述したように、ほとんどの離婚が協議離婚にあたります。

② 　調停離婚

　話し合いがまとまらない場合でも、いきなり離婚訴訟を提起す

ることは認められていません。その前に家庭裁判所の離婚調停（家事調停）を経なければなりません。

　家事調停とは、裁判官１名と民間選出の２名以上の家事調停委員で構成される調停委員会が、当事者双方の言い分を聞いて、お互いが納得の上で解決できるように助言する制度です。低料金で申請できますし、話し合いは非公開とされるため、年々利用者が増えている制度です。裁判官や有識者が調停委員として立会う中で、話し合いがまとまれば離婚することができます。この場合の調停は、正式には夫婦関係調整調停といい、離婚に向けた話し合いだけでなく、夫婦関係を修復して円満に回復させる方向での話し合い（円満調停）にも利用できます。

　なお、相手方が行方不明で離婚の必要がある場合などは、話し合いは不可能なので、例外として、いきなり離婚訴訟を提起することができます。

③　審判離婚

　調停において、たとえば、離婚すること自体は合意できたが、財産分与の割合について合意できなかった場合、調停は不成立で終了します。その場合でも、調停を行った家庭裁判所が、調停で問題とされた事項の範囲内で、職権によって（独自の判断で）離婚を認める審判をすることができます。これが審判離婚です。審判について不服の申立てをしないで２週間が経過すると、審判は確定判決と同じ効果を持ちますが、不服の申立てがあると、審判離婚が失効してしまいます。この点から、審判離婚が利用されるケースは非常に少ないようです。

　なお、家庭裁判所の職権ではなく、当事者から審判の申立てをすることもできます。しかし、この場合は調停の手続きに回されるのが通常です。

④ **裁判離婚**

　調停が不成立となった場合に、離婚訴訟を提起して離婚を認める判決を得ることで、離婚を成立させるものです。離婚訴訟では、民法という法律が定める離婚の理由（法定離婚事由）があるかどうかについて、証拠を示しながらお互いの言い分を主張し合います。さらに、離婚を認める判決と共に、財産分与や親権者・養育費の内容などを一緒に決めてもらうこともできます。

　以上が、離婚を成立させるための制度ですが、最終的に離婚訴訟で争うことになった場合に問題となる法定離婚事由について知っておくことは有益です。特に法定離婚事由が相手方にあるときは、離婚を成立させやすくなるだけでなく、離婚の条件を自分にとってより有利なものとすることにもつながるからです。

　法定離婚事由には、不貞行為、悪意の遺棄、強度の精神病、婚姻を継続し難い重大な事由などがありますが、これらがあるかどうかは、当事者の主張や提出する証拠に基づいて認定されます。浮気などの兆候を察知したら、継続的にメモを取る、録画・録音するなどして、できるだけ多くの証拠を集めるように習慣付けておくと、離婚訴訟になったときに役立ちます。

◉ 必ず決めなければならないこと

　次に、離婚することが決まったときに、何を決めなければならないのかを見ていきましょう。

① **結婚前の氏にするか、現在の氏にするか**

　離婚すると氏（苗字）は旧姓（結婚前の氏）に戻ります。これを「復氏」と呼びます。ただし、離婚から３か月以内に届出をすることで、離婚後も現在の氏（結婚中の氏）を使用することが可能です（44ページ書式）。ただし、離婚届の提出と一緒に届出をしないと、いったん旧姓に戻ることに注意を要します。

② どちらが未成年の子どもの親権者になるのか

　夫婦間に未成年の子どもがいる場合は、どちらが子どもの親権者（子どもに対して親権を持つ人）になるのかを必ず決めて、離婚届に記載しなければなりません。親権者の記載のない離婚届は受理されません。なお、親権の一部である監護権については、離婚の際に、親権を持たない側に監護権を持たせるように取り決めることもできます。

　そもそも親権は、子どもの財産を管理する側面と、子どもを監護する（保護・養育する）側面とに分けて把握することが可能な権能です。そして、前者の財産管理に比べて、後者の監護については、子どもの心身の発達に直接的な影響を与えるため、子どもにとってより適した監護の可能性を探る機会を設けたのです。

③ 引き取らない方はどのように子どもと会うのか

　子どもを引き取らなかった方（親権者にも監護権者にもならなかった人）が、離婚後に子どもと会ったり、メール・手紙などのやり取りをしたりすることを「面会交流」といいます。これは、子供の利益のために認められている制度です。個別の事情に則し

■ 離婚の際に決めなければならないこと ……………………………

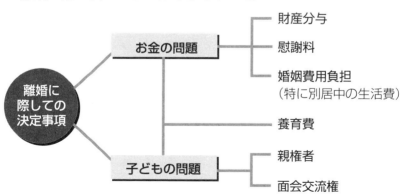

て、子どもに精神的な負担を与えないよう配慮した上で、どのくらいの頻度・時間で、どこで会うのか、などを取り決める必要があります。

④　子どもの養育費はどうするか

　子どもの養育費は、子どもを引き取らない方が、子どものために支払うものです。いつまで、どのような方法で、毎月いくら支払うのか、などを詳細に取り決めておく必要があります。支払う側の性格にもよりますが、公正証書などの書面に残しておいた方がトラブルを未然に防ぐことができます。

⑤　財産分与、慰謝料はどのようにするか

　財産分与とは、夫婦が婚姻中に取得した財産を清算分配するもので、離婚の理由が何であろうと、当然に一方が他方に請求できます。たとえば、妻が専業主婦で収入を得ていなかった場合であっても、夫が外で収入を得ることができたのは、妻の支えがあったからであって、婚姻中に夫の稼ぎによって取得した財産のうち一定の割合は妻に分配すべきだと考えるのです。

　これに対して、慰謝料とは、たとえば、夫が不倫を続けていたことで妻が苦しみを受け続けていたような場合など、精神的苦痛による損害を金銭によって償うものです。慰謝料については、離婚訴訟とは別個に訴訟を提起して請求することもできます。

　なお、分与される財産には、預貯金・不動産・有価証券・保険等だけでなく、骨董品や絵画などの美術品も含まれます。財産分与を請求する際には、これらの財産の現況を把握していることが重要になってきます。厚生年金については、財産分与とは別の問題として、年金記録を分割する制度があり、分割割合の合意と日本年金機構への請求手続きが必要になりますので注意が必要です（102ページ）。

● 公的援助も検討する

　子どもを引き取って離婚した側のために、児童扶養手当や母子
（父子）福祉資金貸付という低利の融資制度もあります。こうし
た公的援助の存在を知っておき、条件にあてはまる場合は利用を
検討しましょう。援助を受けることは、人に迷惑をかけることと
は違いますし、恥ずべきことでもありません。援助されなければ
生活ができない状態になったのは、怠惰だからとか、能力が低い
からだなどの意見を言う人もいるかもしれませんが、それが社会
一般の認識ではありません。

● 離婚届について

　協議離婚の場合、お互いが「離婚する」という意思を固めて離
婚届を作成し、これを市区町村役場へ提出し、受理されてはじめ
て離婚が成立します。協議離婚の場合の離婚届には、夫婦２人の
署名押印の他に、成年の証人２人の署名押印が必要です（22 ～
23ページ書式）。

■ 離婚に関するおもな届出と手続き ……………………………………

> **役所への届出（提出する届出書）**
>
> 　離婚届、離婚の際に称していた氏を称する届、子の入籍届
> 　離婚届の不受理申出書

> **家庭裁判所への申立て**
>
> 　離婚調停の申立て、財産分与請求調停の申立て、
> 　親権者変更調停の申立て、子の監護者の指定調停の申立て、
> 　養育費請求調停の申立て、子の氏の変更許可審判の申立て

調停・審判・裁判離婚の場合には、調停成立の日または審判・判決確定の日から10日以内に、それぞれ調停調書の謄本、審判書の謄本（確定証明書付き）、判決書の謄本（確定証明書付き）と共に、離婚届を提出しなければなりません。

なお、離婚に伴う氏の変更は、離婚届の提出後に自治体側で変更を住民票へ反映するため、別に氏の変更手続きをする必要はありません。もっとも、氏の変更によって印鑑登録の印鑑を変える場合や、離婚に伴い転居する場合は、変更手続きが必要です。

● 免許証その他についての氏名・住所変更届、健康保険・年金の加入届など

戸籍上の届出が済んだら、運転免許証やパスポート、生命保険、銀行預金などの氏名や住所の変更手続きもしておきましょう。郵便局への届出も忘れないようにしたいところです。運転免許証の氏名や住所の変更は、本籍地記載のある住民票があれば足ります。しかし、パスポートの変更には新しい戸籍抄本または戸籍謄本が、郵便局では離婚受理証明書が要求されるなど、受付機関によって証明書類が異なります。変更手続きに必要となる書類については、事前に確認しておくことをお勧めします。

その他には、たとえば、夫が会社員で妻が専業主婦である場合、妻は夫の社会保険の扶養に入っているのが通常ですが、離婚後は妻自身が国民健康保険に加入する手続きをとらなければなりません。年金についても同様です。いずれも強制加入ですので、市区町村役場に出向いて必要な手続きをとらなければなりません。この場合も、離婚受理証明書などが要求されることがあります。

さらに、子どもが学校へ通っている場合は、校内で管理する調査票の記載内容に変更が生じるため、担任の先生などへ報告し、必要な対応を行うようにしましょう。

● その他の離婚に際するお金の問題

　ここまで、離婚に際して決めなければならないことや、行わなければならない手続きについて見てきましたが、離婚に際するお金の問題（17ページ図参照）について少し補足したいと思います。

　婚姻中の配偶者と子どもの生活費・学費・交際費・医療費など、婚姻中の共同生活を維持するために必要となる費用のことを「婚姻費用」といい、夫婦は婚姻費用を分担して負担する義務を負っています。この婚姻費用をどれくらい負担すべきかについては、特に別居期間中における配偶者と子どもの生活費などについて問題となります。別居の原因を作り出した有責配偶者（不貞行為などのように夫婦生活を破たんさせる原因を作り出したことに責任のある側の配偶者のこと）が、他方配偶者に別居中の生活費を請求してきた場合に、他方配偶者がこれを負担しなければならないのは酷であると思われるからです。

　ただし、有責配偶者からの婚姻費用が信義則違反となるのは、審理するまでもなく、不貞事実等の有責性が明らかな場合です。当事者間で争いがある場合等、有責性が不明な場合は裁判所では有責はないものとして算定表に基づき婚姻費用の審判を下します。婚姻費用の審判は、迅速性が最優先されるからです。

　また、有責性が明らかな場合でも、夫婦間に子供がいる場合は、養育費相当額の支払いが命じられます。

離　婚　届	受理　令和　年　月　日 第　　　　　　　号	発送　令和　年　月　日	
令和○年○月○日届出	送付　令和　年　月　日 第　　　　　　　号		長　印
東京都　○○区長殿	書類調査　戸籍記載　記載調査　調査票　附　票　住民票　通　知		

		夫	妻
(1)	（よみかた） 氏　　　名	氏　　　　　　名 ○○　　○○○	氏　　　　　　名 ○○　　○○○
	生　年　月　日	昭和　○年○月○日	昭和　○年○月○日
	住　　　所 （住民登録をし ているところ）	東京都○○区○○台○丁目 ○○○ 番地 番 ○号	東京都○○区○○台○丁目 ○○○ 番地 番 ○号
	（よみかた） 所帯主 の氏名	○○○○	○○○○
(2)	本　　　籍 （外国人のときは 国籍だけを書い てください）	東京都○○区△△○丁目○　　番地 番	
	筆頭者 の氏名	○○○○	
	父母の氏名 父母との続き柄 （他の養父母は その他の欄に 書いてください）	夫の父　○○○○　　続き柄 　　母　　　○○　　長男	妻の父　○○○○　　続き柄 　　母　　　○○　　長女
(3) (4)	離婚の種別	☑協議離婚 □調停　　年　月　日成立	□審判　　年　月　日確定 □判決　　年　月　日確定
	婚姻前の氏に もどる者の本籍	□夫　　は　☑もとの戸籍にもどる ☑妻　　　　□新しい戸籍をつくる	
		東京都○○区○○町○　　番地 番	（よみかた） 筆頭者 の氏名　○○○○
(5)	未成年の子の 氏　　　　名	夫が親権 を行う子	妻が親権 を行う子　○○○○
(6) (7)	同居の期間	平成　○年　　○月　　から　令和○年　○月　　まで （同居を始めたとき）　　　　　（同居したとき）	
(8)	別居する前の 住　　　所	東京都練馬区平和台○丁目○　　番地 番 ○号	
(9)	別居する前の 所帯のおもな 仕事と	□1. 農業だけまたは農業とその他の仕事を持っている所帯 □2. 自由業・商工業・サービス業等を個人で経営している所帯 ☑3. 企業・個人商店等（官公庁は除く）の常用勤労者所帯で勤め先の従業者数が1人 　　から99人までの所帯（日々または1年未満の契約の雇用者は5） □4. 3にあてはまらない常用勤労者所帯及び会社団体の役員の所帯（日々または1年 　　未満の契約の雇用者は5） □5. 1から4にあてはまらないその他の仕事をしている者のいる所帯 □6. 仕事をしている者のいない所帯	
(10)	夫婦の職業	（国勢調査の年…平成　　　年の4月1日から翌年3月31日までに届出をするときだけ書いてください） 夫の職業　　会社員	妻の職業
	その他		
	届出人 署名押印	夫 ○○○○　　　　印	妻 ○○○○　　　　印
	事件簿番号		

住所を定めた年月日		連絡先	電話（　　）　　番
夫　年　月　日 妻　年　月　日			自宅・勤務先・呼出　　方

鉛筆や消えやすいインキで書かないでください。
筆頭者の氏名欄には、戸籍のはじめに記載されている人の氏名を書いてください。
届出は、1通でさしつかえありません。
この届書を本籍地でない役場に出すときは、戸籍謄本が必要ですから、あらかじめ用意してください。
そのほかに必要なもの、　調停離婚のとき→調停証書の謄本
　　　　　　　　　　　　審判離婚のとき→審判書の謄本と確定証明書
　　　　　　　　　　　　判決離婚のとき→判決書の謄本と確定証明書

証　　　　　　人　（協議離婚のときだけ必要です）		
署　名 押　印	○○○○　　　　　　印	○○○○　　　　　　印
生 年 月 日	昭和　○ 年　○ 月　○ 日	昭和　○ 年　○ 月　○ 日
住　　　所	東京都○○区○○	東京都○○市○○町
	○丁目○　　　　番地 　　　　　　　　番　○ 号	○丁目○　　　　番地 　　　　　　　　番　○ 号
本　　　籍	東京都○○区○○	東京都○○区○○
	○丁目○　　　　番地 　　　　　　　　番	○丁目○　　　　番地 　　　　　　　　番

父母がいま離婚しているときは、母の氏は書かないで、名だけ書いてください。
養父母についても同じように書いてください。
□には、あてはまるものに☑のようにしるしをつけてください。

今後も離婚の際に称していた氏を称する場合には、左の欄には何も記載しないでください。
（この場合にはこの離婚届と同時に別の届書を提出する必要があります。）

同居を始めたときの年月は、結婚式をあげた年月または同居を始めた年月のうち早いほうを書いて
ください。

離婚届記入上のアドバイス

◎離婚届は夫婦それぞれが自分の手で署名（自署）すべきです。

◎印は各自別々の印を押して下さい。これは認印でかまいません。

◎届出の真正を担保するため成年（大人）の証人2人以上が必要です。

　成年者であれば外国人や自分の家族でもかまいません。

◎届出は当事者の本籍地または所在地でしなければならないことになっています。

◎離婚する夫婦の間に未成年の子があるときは、いずれがその子の親権者に
　なるかを必ず決めておかなければなりません。

◎後日の紛争を避けるために、届出はできる限り夫婦そろってすべきです。

Q 浮気相手と結婚するため、妻に無断で離婚届を提出したところ受理されました。離婚は有効に成立したのでしょうか。

A 　離婚届の「妻」の項目の署名と押印は誰がしたものなのでしょうか。もし夫であるあなたの手によるものであれば、刑法上の犯罪に該当します。具体的には、署名と押印することで私文書偽造罪が成立し、その離婚届を役所に提出することで偽造私文書行使罪と公正証書原本不実記載罪が成立します。そして、このような離婚届の提出による離婚は無効です。

　これに対し、離婚届の署名と押印が妻自身の手によるものであれば、離婚届であると理解して署名と押印をしているので、離婚は有効としてもよいようにも思えます。しかし、届出の時点で夫婦の双方または一方が離婚意思を失っている場合には、離婚届を提出しても離婚は無効となります。この場合、公正証書原本不実記載罪に問われる可能性もあります。

　しかし、上記のいずれの場合も、役所では離婚届が離婚意思を有する夫婦によって作成・届出されたものかどうかを調査することはできません。したがって、記載内容に漏れがなければ、役所は離婚届を受理し、戸籍を書き換えるため、戸籍上は離婚が成立した状態となります。

　本ケースの場合、浮気相手との婚姻届を提出すれば、役所に受理されます。しかし、これは妻以外の人と婚姻関係を結ぶことにあたり、刑法が定める重婚罪という犯罪に問われる可能性があります。

　なお、前述したような戸籍の記載を元に戻すためには、家庭裁判所に調停を申し出ます。離婚無効について話し合いが成立しないときは、離婚無効訴訟を提起して、判決で離婚の無効を確認し

てもらいます。以上の手続きで離婚の無効が確定したら、役所へ戸籍訂正の申出をします。

Q 離婚協議中です。私は「もう一度やり直したい」と考えていますが、夫が勝手に離婚届を提出しそうで心配です。

A 協議離婚が有効に成立するためには、離婚届を役所に提出することに加え、夫婦の双方に婚姻関係を解消しようという離婚意思が必要です。離婚意思は、離婚届が役所に受理される時点まで継続されていなければなりません。したがって、離婚届に署名押印した段階では離婚意思があったとしても、役所に提出する段階で夫婦の一方が離婚意思を失っていたのであれば、離婚が無効となります。しかし、役所で離婚届を受け付ける際には、当事者の離婚意思の有無を確認することをしませんから、勝手に離婚届を提出されてしまうと、裁判所の調停・判決を経るなど事後処理に大変面倒な手続きが必要となります（前ページ）。そのような事態を避けるため、早急に「離婚届の不受理申出書」を役所へ提出します。不受理申出をしておくと、配偶者が勝手に離婚届を出しても、役所が受理を阻止します。

　提出先の役所について特に限定はありませんが、本籍地でない役所に不受理申出をした場合は、本籍地に申出の事実が通知されるまでのタイムラグが発生します。その間に本籍地に離婚届が出された場合、本籍地の窓口では不受理申出がされていることはわからないため、記載内容に漏れがなければ受理されます。このため、不受理申出は本籍地の役所にするのがよいでしょう。また、不受理申出に有効期間の定めはないので、一度提出すると取消しをしない限りその効果は継続します。

本ケースの場合は、「離婚届不受理申出書」を提出した上で話し合いを行うのが望ましいといえます。

Q すぐに離婚したいのですが、財産分与や慰謝料の交渉が長期化しそうで困っています。どうすればよいでしょうか。

A 双方が離婚に同意していれば、役所への届出によって、すぐに離婚ができます。極端なことを言えば、未成年の子どもの親権者さえ決めておけば、その他の条件面で折り合いがついていなくても、離婚届が受理されると離婚が成立します。財産分与や慰謝料については、離婚成立後に請求することもできます。

ただし、財産分与については離婚から２年以内に家庭裁判所に財産分与の申立てをしなければなりません。この２年の期限は、時効のように更新される（ゼロに戻って再び進行する）ことがありません。期限が迫っているのに合意の目途が立たない場合は、必ず期限到来前に家庭裁判所へ財産分与調停の申立てをしましょう。期限到来前に調停を申し立てれば、調停や審判の手続き中に２年を経過しても、財産分与の請求権は失われません。

なお、離婚協議と同時に行う財産分与の取り決めでは、慰謝料も含めて全体として妥当な金額を決めることが多いため、争点が複雑化してわかりにくくなり、これが合意までの期間を長引かせる原因となることが考えられます。その場合は、財産分与と慰謝料とを完全に分けて、まずは財産分与を確実に受け取り、慰謝料の交渉は少し余裕をもって進めるのも対策のひとつとなると考えられます（慰謝料の請求期限は離婚から原則３年ですが、これは時効なので更新が認められます）。

以上とは逆に、離婚が成立していなくても、少しでも早く離れ

て生活したいのであれば、戸籍上は夫婦の状態を続けながら別居
し、条件面で折り合いがついてから離婚するのも一つの方法です。
この場合は、別居期間が長くても、財産分与の2年の期限を気に
する必要がなくなります。

Q 離婚が成立する前に家を出ると、慰謝料を請求できなく
なるのでしょうか。

A 離婚成立前に家を出ても、それは同居義務に反するだけで、
実務上は、別居したことを理由として「悪意の遺棄」に該当する
ことは、ほとんどありません。別居しても、相手方に不法行為に
該当する行為があれば慰謝料は請求できますし、別居したことだ
けを理由として慰謝料請求が棄却されたり減額されたりすること
は、原則としてありません。

　ただ、これという理由もなく別居した上、十分な資力がありな
がら意図的に婚姻費用を支払わないとか、配偶者が病気で介護の
必要性が高いにもかかわらず介護が嫌になり別居して遊んでいる
等、同居義務違反の態様が著しく妥当性を欠くときは「悪意の遺
棄」に該当する場合もあります。この場合は、双方とも問題があ
るとして、慰謝料請求にあたって「悪意の遺棄」があったことが
斟酌され、場合によっては、請求が棄却されます。

書式　離婚届の不受理申出書

不受理処分をする届出	届出事件の種別	□協議離婚届　□養子縁組届　☑その他（　離婚　）届 □婚　姻　届　□養子離縁届	
		☑夫　　　□その他（　　） □夫となる人	☑妻　　　□その他（　　） □妻となる人
	氏　　名 （よみかた）	かとう　　　ゆきお 氏　　　　名 加　藤　　幸　男	かとう　　　よしこ 氏　　　　名 加　藤　　良　子
	生　年　月　日	昭和55年　4　月　10　日	昭和58年　8　月　23　日
	住　　所 （住民登録をして いるところ）	東京都○○区 ○○△丁目　番地 番　○　号	東京都○○区 ○○△丁目　番地 番　○　号
	本　　籍	東京都○○市 ○○△丁目○　番地 番 筆頭者 の氏名	東京都○○市 ○○△丁目○　番地 番 筆頭者 の氏名
申　出　理　由		☑届出の意思がなく、届書に署名押印したこともない □届書に署名押印したが、その後届出の意思をなくした	
そ の 他			

不受理申出

令和○年 6 月10日申出

○○区　長　殿

受　付　令和　　年　　月　　日 発収簿番号　第　　　　　号 整理番号　第　　　　　号	発送　令和　　年　　月　　日
送　付　令和　　年　　月　　日 発収簿番号　第　　　　　号 整理番号　第　　　　　号	長　印
書類調査　戸籍調査　不受理期間終了日 　　　　　　　　　　　　　年　　　月　　　日	

上記届出が不受理期間中に提出された場合には、これを受理しないようお願いします。

申　出　人 署　名　押　印	加藤　良子
連　絡　先 （連絡方法の希望）	［希望］電話 03（XXXX）XXXX ご連絡は午前中にお願いします。

2 別居についての法律問題を考える

相手の態度を見きわめ、離婚後の生活の準備をする

◉ 離婚前に別居をしてみるのもよい

　実際に離婚に踏みきる前に、しばらく別居をして様子を見るという経験をしたことのある夫婦は数多く存在します。別居によってバランスがとれ、そのまま夫婦関係を継続できたケースもあれば、冷静に離婚するための冷却期間になったケースもあります。別居が数年間の長期にわたる場合は別ですが、基本的には別居それ自体を理由に法的な不利益を受けることはありません。同意なく別居すると悪意の遺棄だという意見もありますが、夫婦の一方が、相手方の同意なく別居しても、性格が合わず共同生活を送ることが苦痛のための別居であれば、何の問題もありません。それ自体が離婚問題に影響することもありません。

　ただ、たとえば、夫が経済能力の少ない妻子を家から追い出した場合などは、悪意の遺棄となり、「婚姻を継続しがたい重大な事由」に該当すると認定される場合もあります。

　なお、離婚原因は、最終的にはすべて「婚姻を継続しがたい重大な事由」で判断されます。「悪意の遺棄」も、「不貞」も、「婚姻を継続しがたい重大な事由」の例示にすぎません。

　もっとも、夫婦間で冷静に話し合いができるときは、できれば、双方合意して別居に踏み切るべきです。その方が、今後の離婚協議等がスムーズにいきます。

◉ 別居期間にしておくべきこと

　別居期間中の配偶者や子どもに見られる態度の変化を敏感に感

じ取り、冷静に今後の対応を考えてみることが必要です。たとえば、経済的に一人で子どもを育てていくことができるのか、精神的に自立していけるのか、など検討すべき事柄はたくさんあるはずです。それと並行して、実際に離婚することになった場合に慌てなくて済むように、たとえば、次の事項について準備をしておくとよいでしょう。

① 　就職・資格取得などの準備をし、経済的な自立を図る
② 　離婚後の住居のメドを付けておく
③ 　子どもの転校などに向けて準備する
④ 　離婚時の財産分与に備え、夫婦の共有財産などを確認する
⑤ 　ひとり親となったときの公的援助について知識を蓄えておく
⑥ 　自身が病気になったときなどに、子どもを世話してもらえるところ（親族や公的機関など）を見つけておく
⑦ 　離婚条件を整理し、場合によっては弁護士などの専門家に相談する

■ ひとり親家庭に対するおもな公的援助 ………………………………

● 児童扶養手当　　　　● 児童育成手当（東京都の制度）
● 公営住宅抽選率の優遇　● 母子父子寡婦福祉資金貸付金
● ひとり親家庭等医療費助成制度（マル親）

※児童扶養手当については 48 ページ参照。

Q 夫と別居中です。子どもが成人するまで離婚はしないことになったのですが、それまで夫に生活費や子どもの教育費などを請求することはできますか。

A 　民法上、夫婦には婚姻費用の分担義務があります。別居中であっても戸籍上の夫婦である以上、夫は、妻であるあなたに対し、生活費や子どもの養育費、収入相応の交際費や医療費などを支払わなければなりません。

　夫の思う婚姻費用と、妻の思うそれとが一致せず、金額的に折り合いがつかない場合や、「離婚前提での別居中の妻に対し、そもそも生活費などを支払う必要はない」と主張している場合など、当事者間の話し合いでは解決できないときは、婚姻費用の分担請求調停を家庭裁判所に申し立てることで、裁判所を介して支払いに向けた話し合いをすることができます。なお、調停が不成立になっても、自動的に審判手続きに移行し、家庭裁判所が、一切の事情を考慮した上で、婚姻費用の分担について審判をしてくれます。

　婚姻費用の分担請求は、生活費などの財源を確保するものなので、調停や審判の結果を待っている間の申立人の生活を保全する必要が生じる場合もあります。そのような必要性が認められれば、調停前や審判前に生活費などの仮払いを受ける「審判前の保全処分」の手続きを取ってもらうことができます。また、調停成立後や審判確定後も、相手方が支払いに応じない場合は、強制執行の手続きをとることができます。

　本ケースの相談は、子どもが成人するまで離婚はしないと夫婦間で合意があった上で別居しているのですから、そのような場合でも婚姻費用の分担義務はあることを前提に、金額についても合意をしておくとよいでしょう。

Q 離婚協議中の夫と別居して子ども３人と生活しています。夫に生活費や子どもの養育費を請求したいのですが、どの程度の金額を請求できるのでしょうか。

A 　たとえば、妻が子を連れて実家に帰り、実家では妻の両親も健在で生活費や養育費がほとんどかからない場合と、妻が新たに独立して生活を始める場合とでは、別居後に必要な金額は違ってきます。また、夫が元々働いておらず妻が働いて生計を立てていた家庭と、夫婦共働きで双方が高収入を得ていた家庭とでも、別居後に必要な金額は違ってくるでしょう。

　このように、別居後の状況や元々の生活水準などの違いによって、必要と考えられる生活費や養育費の金額は異なります。そして、法律上も具体的な金額についての決まりはないため、基本的には、当事者が合意すれば、金額はいくらでもかまわないということになります。

　もっとも、裁判所は養育費・婚姻費用についての算定表（本書巻末『養育費算定のしくみと手順』232ページ以降参照）を公表しており、当事者間で金額について争いがあるときは、それが一つの基準となります。本ケースでは、婚姻関係が継続しており、生活費や養育費をまとめて請求しようとしていますので、「婚姻費用」の算定表を見ていくことになります。

　たとえば、子ども３人は全員14歳以下、夫は会社員で年収500万円、妻はパートで年収200万円とすると、算定表によれば、月額10万円〜12万円が標準的な婚姻費用となります。

　また、第１子と第２子が15歳以上、第３子が14歳以下、夫は会社員で年収600万円、妻はパートで年収200万円とすると、月額14万円〜16万円が標準的な婚姻費用となります。

Q 夫と別居中で離婚に向けた話し合いをしています。私が病気で働けず、実家から援助を受けていましたが、父が病気になり援助が途絶えました。夫に援助してもらうことはできますか。

A 夫婦には扶助義務があり、収入や財産に応じて婚姻費用を分担しなければなりません。本ケースのように、妻が病気療養中で自分の治療費や生活費を稼ぐ能力がないときは、夫がその費用を負担しなければなりません。具体的には、夫自身と同じくらいの生活水準で暮らせる程度の費用を負担すべきことになります。夫婦の扶助義務は「生活保持義務」といって、互いに同等の生活をすることができるようにする義務だとされているからです。たとえば、収入が減って以前の生活水準が保てなくなった場合には、夫婦共に生活水準を下げなければなりません。

もっとも、実家のお父様にも直系血族としてあなたの扶養義務があるのですが、この場合の扶養義務は「生活扶助義務」といって、自分の生活に余裕があるときに扶助すれば足りる、という夫婦間の「生活保持義務」に比べて程度の低い義務になります。したがって、お父様ご自身も病気で収入がない状態で、病気療養中とはいえ成人したあなたの生活を支える要請は、夫に比べて低いと考えられます。したがって、夫に援助を求めることが本筋だといえるでしょう。

Q 妻が一方的に実家に帰ってから3年が過ぎました。最近親密になった女性と結婚を考えています、離婚を切り出すことは可能でしょうか。

A 協議離婚や調停離婚が成立せず、離婚訴訟に至った場合、裁判所は、原則として有責配偶者（離婚原因を作った配偶者）からの離婚請求を認めません。しかし、これは夫婦関係が円満に保たれていたことを前提とした話です。婚姻関係が破たんしているという実質があり、離婚届を提出していないだけの形式的な夫婦である場合は、実質の方が重視されます。

　何をもって婚姻関係が実質的に破たんしていると判断するかは状況によって異なりますが、別居（家庭内別居も含む）の期間が長い、双方に不倫相手がいる、有責配偶者の側が日常的に他方から暴力を振るわれている、など、関係修復が不可能な状態に至っているという事情がある場合に、婚姻関係の実質的な破たんを認めているようです。そして、これが法定離婚事由（180ページ）のうち「婚姻を継続しがたい重大な事由」にあたると考えます。

　本ケースでは、妻が一方的に実家に帰った後、夫である相談者が関係修復に向けて再三働きかけを行ったにもかかわらず、妻は拒否し続けたといった事情があったのであれば、関係修復が不可能な状態に至っており、夫が妻との関係修復をあきらめたのもやむを得ないと思われます。この場合は、夫が他の女性に心を移した時には、すでに婚姻関係が実質的に破たんしていたと判断され、夫からの離婚請求が認められる可能性は高いでしょう。

　しかし、妻が実家に帰った原因が夫にあった（妻に暴力を振るっていた、当時から愛人がいたなど）ような場合は、夫からの離婚請求を認めるべきではないと考えられます。

Q 経済的な事情で妻と別居をしていました。状況が好転したので同居を持ちかけましたが、妻が応じてくれません。

A 　夫婦には同居・扶助・協力の義務があります。夫婦のどちらかが一方的に同居を拒否して家を出た場合には、それが「悪意の遺棄」などの裁判離婚の原因（法定離婚事由）として認められることがあります。

　ただ、仕事の場合などで結婚後も別居せざるを得ない夫婦もいます。正当な理由がある場合は、家庭裁判所の調停などでも別居を勧められることがあります。その理由として、夫婦の一方が暴力をふるう（DV）、借金の取立てが厳しい、病気療養の必要がある、などが挙げられます。しかし、これらの別居原因がなくなれば、原則として同居が求められます。もっとも、金銭の支払いとは性質が違うため、当事者の意思に反して同居を強制することはできません。

　本ケースのように、経済的事情という別居原因が解消されたのであれば、同居の義務が復活します。ところが、本来であれば、再び同居できるようになったことを喜ぶはずの妻が同居に応じないのは、外部的な障害がなくても夫と同居したくないという妻の意思表示だといえるでしょう。この場合は、家庭裁判所に夫婦円満調停を申し立てて話し合うことが適切だといえます。

　夫婦円満調停は、夫婦関係が悪化したときに、話し合いによって関係修復を図ることを目的とした手続きのため、仮に調停が不成立となっても審判手続きに移行することはありません。そして、調停手続きでの話し合いの結果、関係修復をあきらめることになった場合には、そのまま離婚調停へと移行することができます。

　そこで、まずは夫婦円満調停を申し立て、円満な夫婦関係の回復に向けた話し合いをしてみてはいかがでしょうか。

3 戸籍の扱いについて知っておこう

戸籍謄本を見ればその人の離婚歴がわかる

◉ 離婚すると戸籍はどうなるのか

　離婚届が受理されたことで戸籍の記載を変更する場合、筆頭者でない夫または妻の1人だけが戸籍から除外されます。これを除籍といいます。除籍された者は、婚姻前の戸籍に戻る（復籍）か、自身が筆頭者となって新しい戸籍を作る（新戸籍編製）か、という2つの道が用意されています。離婚届には「婚姻前の氏に戻る者の本籍」を記載する欄があり、その内容に沿って復籍もしくは新戸籍編製が行われるわけです。

　婚姻時に氏を変更していた人は、離婚によって婚姻前の氏に戻るのが原則です。しかし、「長い間なじんだ姓だから」「周囲に離婚したことを知られたくない」などの事情で、婚姻中の氏をそのまま使いたいと希望する人もいます。その場合は、離婚届の提出と同時に、あるいは離婚成立から3か月以内に「離婚の際に称していた氏を称する届」（44ページ）を提出すれば、婚姻中の氏を使うことが認められます。これを婚氏続称といいます。ただし、婚氏続称を選択した場合には、同じ戸籍の人はすべて同じ氏であるという同氏同籍の原則があることから、復籍をすることはできず、新戸籍編製が行われます。

◉ 離婚に関する戸籍の記載はどうなっているのか

　戸籍の証明書が戸籍謄本・戸籍抄本という戸籍の写しである場合には、戸籍の身分事項欄に、協議離婚によるものか、あるいは裁判・審判・調停による離婚なのかという離婚の種類が明記され

ます。さらに、離婚日の記載として、協議離婚ときは離婚届の提出日、裁判離婚・審判離婚のときは判決・審判の確定した年月日、調停離婚のときは調停が成立した年月日が明記されます。離婚日の記載は、特に女性が再婚するときに、100日の再婚禁止期間に違反するかどうかを判断する際に重要です。

　これに対し、戸籍が電算化され、戸籍全部事項証明書・戸籍個人事項証明書という横書きの戸籍の記録事項証明書が発行されるようになってからは、離婚日は記載されるものの、離婚の種類は記載されなくなっています。

　なお、離婚の事実が戸籍に反映されるのは、離婚届が正式に受理された後です。たとえば、離婚の協議・調停が成立せずに裁判になった場合、離婚を認める判決が確定しても、離婚届が提出されない限り、戸籍はそのままの状態で維持されます。

● 現在の戸籍だけでは離婚歴の有無がわからない場合もある

　離婚すると、夫婦の一方が除籍されることは前述したとおりですが、このとき、筆頭者の戸籍には、離婚の事実や離婚日などが記載され、除籍される側の氏名の上には、戸籍から消されたという意味のバツ印がつけられます。いわゆる「バツ1」「バツ2」というのは、ここから生まれてきた言葉です。

　ただし、バツ印が使われているのは、旧来の縦書きの戸籍だけです。電算化された横書きの戸籍では、【生年月日】の右隣にあった【配偶者区分】の記載（「夫」または「妻」の記載）が消去され、除籍される側の『戸籍に記載されている者』の欄に「除籍」という四角の枠で囲まれた文字が印字される取扱いとなっています。そして、『身分事項』の欄に「離婚」の記載がなされ、【離婚日】【配偶者氏名】が記載されます。これに加えて、除籍される側については【入籍戸籍】（復籍の場合）または【新本籍】

（新戸籍編製の場合）が記載されます。

　これらの記載がなされた戸籍謄本や戸籍全部事項証明書などを見れば、その人の離婚歴がわかりますが、中には「離婚したはずなのに、戸籍にそのことが書かれていない」という人もいます。

　たとえば、離婚して親の戸籍に復籍した人が分籍して自分が筆頭者となる戸籍を新たに作るとか、婚姻中の戸籍を引き継いでいた人が本籍地を移す転籍を行うなどして、新戸籍編製をする場合や、再婚して配偶者の戸籍に入るという形で入籍をする場合などは、現在の戸籍に離婚のことが記載されません。新戸籍編製や入籍をする場合には、出生に関する事項など、元の戸籍の内容が引き継がれる事項もあるのですが、離婚や離縁など、現在の戸籍に引き継がれない事項もあるからです（戸籍法施行規則39条1項4号で、夫婦については現に婚姻関係の継続する婚姻に関する事項のみを引き継ぐこととしているのが、その根拠となります）。

　離婚の事実を容易に知られたくないなどの理由で、このことを応用して現在の戸籍に離婚について記載されないよう工夫する人もいます。しかし、これを悪用して結婚詐欺などに利用する事件も起きています。現在の戸籍に離婚の事実が記載されているとは限らない点は、知識として知っておいた方がよいでしょう。

● 戸籍にはどのように記載されるのか

　たとえば、田中一郎さんと鈴木花子さんが、夫の一郎さんを筆頭者として田中という氏を称する婚姻をした後、協議離婚した場合、電算化後の戸籍にはどのように記載されるのでしょうか。

　一郎さんの方は、『身分事項』欄に「離婚」の記載がなされ、【離婚日】【配偶者氏名】が記載され、「【配偶者区分】夫」という記載が消去されます。一方、花子さんの方は、前述したように『戸籍に記載されている者』の欄に「除籍」という文字が四角の

枠で囲まれて印字され、「【配偶者区分】妻」の記載が消去されます。これに加えて、『身分事項』の欄に「離婚」の記載がなされ、【離婚日】【配偶者氏名】【入籍戸籍】または【新本籍】が記載されます。そして、妻が入籍した戸籍（新戸籍編製の場合も含む）には、【離婚日】【配偶者氏名】【従前戸籍】が記載されます。

　なお、旧来の縦書き戸籍の場合は、妻の欄に、花子さんが婚姻前の戸籍に戻る場合は「○県○市○○町○番地鈴木○○戸籍に入籍につき除籍」と、単独の新戸籍編製の場合は「○県○市○○町○番地に新戸籍編製につき除籍」と記載されます。いずれの場合も花子さんの名前の欄にバツ印がつけられることは、前述のとおりです。そして、妻が入籍した戸籍（新戸籍編製の場合も含む）に【離婚日】【配偶者氏名】【従前戸籍】が記載されます。

　このように離婚後は、夫婦どちらの戸籍にも、離婚したという身分事項が記載されます。

　また、離婚後も花子さんが「田中」の氏を継続使用する場合は、離婚後３か月以内に「離婚の際に称していた氏を称する届」を提出することで、編成後の新戸籍に『戸籍事項』と『身分事項』の欄に「氏の変更」として「【氏変更日】令和○年○月○日」「【氏変更の事由】戸籍法77条の２届出」などと記載されます。この届を提出するのに特別な理由は必要なく、花子さんの意思だけで決定できます。元夫の一郎さんが快く思っていなくても阻止できません。また、「田中」の氏を離婚後も継続使用したいのに、３か月以内にこの届を提出しなかった場合は、家庭裁判所に「氏変更許可の審判」の申立てをする方法もあります。しかし、氏の変更は「復氏をしたため日常生活に極端な支障がある」など、やむを得ない理由があるときに例外的に許可されるものです。離婚後３か月を過ぎても氏は変更できると簡単に考えないようにしましょう。

Q 離婚して旧姓に戻ったのですが、私が親権を持つことに
なった子どもは自動的に私の戸籍に入らないのでしょうか。

A 説明の便宜のため、山田太郎さんと佐藤花子さんが婚姻
（結婚）し、花子さんが山田姓になり、子ども（まことさん）を
出産して3年後に協議離婚をした場合を例にとって見てみましょ
う。親権者は花子さんとします。

　夫婦が離婚すると、婚姻のときに氏を変更した夫または妻は、
原則として婚姻前の氏に戻ることになっています。例でいうと、
妻の花子さんが旧姓の「佐藤」に戻るわけです。これを復氏とい
います。復氏した場合、戸籍の取扱いは、①婚姻前の籍に戻る、
②新戸籍を編製する、のいずれかとなります。そして、原則的に
は①の取扱いであり、婚姻前の戸籍がすでにない場合や、復氏す
る人が新戸籍編製の申出をした場合に限り、②の取扱いとなりま
す（戸籍法19条1項）。

　以上は、あくまで復氏する夫または妻についてだけの取扱いで
あって、子どもについて、親の離婚に伴って自動的に戸籍が移動
することはありません。したがって、たとえ花子さんが親権者に
なっていたとしても、子どものまことさんは、父である山田太郎
さんの戸籍に残ったままとなります。

　もっとも、親権者の指定は、離婚する際に必ず行わなければな
りません（離婚届に親権者が父母のどちらになったかを記載しな
いと受理されません）。そのため、親権者が父母のどちらになっ
たかという点は、離婚届を提出するだけで、子どもの『身分事
項』の欄に記載されます。前述した例でいうと、花子さんが離婚
に伴って復氏をした場合には、まことさんの親権者が「佐藤花
子」であることが記載されます。

●子の氏を変更するには家庭裁判所の許可が必要

　ところで、離婚届と同時に、または離婚の日から３か月以内に「離婚の際に称していた氏を称する届」（婚氏続称届・戸籍法77条の２の届出）をすることで、復氏する、または一度復氏した夫または妻が、婚姻中の氏を名乗ることができます。ただし、この届をした場合は、婚姻前の戸籍に戻ることはできませんから、離婚前の氏の夫または妻を筆頭者とする新戸籍が編製されます。例でいうと、花子さんが離婚後も「山田」の姓を名乗ることにすると、「山田花子」を筆頭者とする新しい戸籍が編製されます。この場合、花子さんとまことさんは同じ山田姓ですが、まことさんが依然として「山田太郎」を筆頭者とする戸籍に記載されていることに変わりはありません。

　しかし、まことさんの親権者は花子さんなので、二人は同じ戸籍にいた方が都合の良い場合が多いものです。そこで、花子さんがまことさんを同じ戸籍に入れる方法について説明します。

　本ケースでは、花子さんは親権者で、まことさんは３歳なので、花子さんが家庭裁判所に「子の氏の変更許可」の審判を申し立てます。家庭裁判所の許可を取得したら、役所に入籍届を提出することで、まことさんを花子さんの戸籍に移して、まことさんの氏を花子さんの氏に変更することができます。ここで、花子さんが婚氏続称届を出している場合には、同じ「山田」なのに「子の氏の変更許可」が必要になるのかという疑問が生じます。この点については、筆頭者を異にする別々の戸籍は、同じ姓であっても、それらの氏は異なるものとして取り扱われているため、この場合も「子の氏の変更許可」が必要になります。

　離婚した際は、必ず夫婦のどちらか一方が親権者とならなければならないのに、子どもの戸籍の移動が親権者と連動しないのは面倒なようにも思われます。しかし、氏が変わることは、子ども

の生活への影響が大きく、子どもの氏を変えることについて両親の意見が一致しない場合もあることから、家庭裁判所の許可が必要とされているのです。

●審判を申し立てるには

「子の氏の変更許可」の審判を申し立てるには、親権者が離婚後の自分の戸籍謄本と、離婚した相手方の戸籍謄本（子どもについても記載があることを確認します）を添えて、家庭裁判所に申立書を提出します。家庭裁判所の許可を得た後、審判が確定しただけでは戸籍の記載に変更は生じないので、速やかに役所へ「入籍届」（次ページ書式）を提出します。

なお、本ケースの場合とは異なり、花子さんが親権者でない場合には、花子さんからこの審判を申し立てることができません。親権者ではないが、監護者となって子どもを自分の戸籍に入れたい場合には、親権者である太郎さんからこの審判の申立てをしてもらうことになります。

ただし、子どもが15歳以上であれば、子ども自身が「子の氏の変更許可」の審判の申立てをすることができます。たとえば、父親の戸籍に入っている子どもが、母親と同じ戸籍に入りたい場合には、母親が親権者でなくても、母親と同じ戸籍に入って氏を変更する手続きを自分ですることができます。

最後に、未成年である間に氏の変更をした子どもは、成人したときから１年以内に役所に届出をすれば、元の氏に戻ることができます。

入　籍　届

令和 ○ 年 5 月 26 日届出

○○区長殿

受理	令和　年　月　日		発送	令和　年　月　日
第	号		第	号
送付	令和　年　月　日			長印
第	号			
書類調査	戸籍記載	記載調査	附票	住民票	通知

（よみかた） 入籍する人の 氏　　名	氏 すずき　　　名 たろう 鈴木　　　　　太郎　　　平成○○年 ○月 ○日生
住　　　所 （住民登録をして いるところ）	東京都○○区本町○丁目　　　　○ 番地番 ○号 （よみかた）　すずき　よしこ 世帯主 の氏名　鈴木　良子
本　　　籍	東京都○○区○○町○丁目　　　　○ 番地番 筆頭者 の氏名 加藤　幸男
入籍の事由	☐父　☐養父 ☑母　☐養母　の氏を称する入籍 ☐父母　☐養父母 ☐父　☐養父 ☐母　☐養母　と同籍する入籍 ☐父母　☐養父母 ☐従前の氏を称する入籍　（従前の氏を改めた年月日　　　年　　月　　日）
入籍する戸籍 または 新しい本籍	☑すでにある戸籍に入る　☐父または母の新しい戸籍に入る　☐新しい戸籍をつくる 東京都○○区○○町○丁目 ○ 番地番 よみかた すずき　よしこ 筆頭者 の氏名 鈴木　良子
父母の氏名 父母との続き柄	父 加藤　幸男 母 鈴木　良子	続き柄 長 ☑男 ☐女
その他	
届出人 署名押印	鈴木　良子　　　　　　　　　印

届　　出　　人 （入籍する人が十五歳未満のときの届出人または配偶者とともに届け出るときの配偶者が書いてください）		
資　　格	親権者（☐父 ☐養父）☐後見人 ☐配偶者	親権者（☑母 ☐養母）
住　　　所	番地 番　　　号	東京都○○区○○町○丁目 ○ 番地番 ○号
本　　　籍	番地 筆頭者 番　　の氏名	東京都○○区○○町○丁目 ○ 番地番 筆頭者 の氏名 鈴木良子
署名 押印 生年月日	印　　　　　年　　月　　日	鈴木　良子　　　　印 昭和○○年 3 月 3 日

住所を定めた年月日 年　　月　　日	連絡先	電話（　　　）　　　　番 自宅・勤務先・呼出　　　方

書式　離婚の際に称していた氏を称する届

離婚の際に称していた氏を称する届

（戸籍法77条の2の届）

令和○年5月26日届出

東京都○○区 長殿

受理	令和　年　月　日		発送	令和　年　月　日	
第	号				長　印
送付	令和　年　月　日				
第	号				
書類調査	戸籍記載	記載調査	附　票	住民票	通　知

氏　名
告知　要・不要
令和　年　月　日
口頭・郵送・手渡し
届出人・本人・使者
記載する正字

字訂正
字加入
字削除

(1)	離婚の際に称していた氏を称する人の氏名	（現在の氏名、離婚届とともに届け出るときは離婚前の氏名）

氏　田中　　名　弘子　　昭和○○年 7 月 2 日生

(2)	住　　　　所	東京都○○区○○台○丁目○番　○　号
	（住民登録をしているところ）	所帯主の氏名　　田中　信弘

(3)	本　　　籍	（離婚届とともに届け出るときは、離婚前の本籍）
		東京都練馬区△△○丁目○番
		筆頭者の氏名　　田中　信弘

(4)	氏	変更前（現在称している氏）	変更後（離婚の際称していた氏）
		田　中	田　中

(5)	離婚年月日	令和　○ 年　5 月 26 日

(6)	離婚の際に称していた氏を称した後の本籍	（(3)欄の筆頭者が届人と同一で同籍者がない場合には記載する必要はありません）
		東京都○○区○○町○番
		筆頭者の氏名　　田中　弘子

(7)	そ の 他	

(8)	届 出 人署 名 捺 印（変更前の氏名）	田中　弘子　　　　㊞

スタンプ印は使用しないでください

連絡先	電話（03）xxxx-xxxx番
	自宅・勤務先・呼出　　　方

4 離婚の悩みをサポートする 相談先を知っておこう

専門機関などの相談先を活用してサポートを受けることも重要

◉ アドバイスをくれる弁護士や専門機関を利用する

　離婚に際しては、配偶者との別離という心理面では大きな葛藤を抱える状態である一方、手続き面では将来を見据えた冷静かつ客観的な判断や行動が必要になります。そこで、あらかじめ離婚に関して法律的なアドバイスをする弁護士や専門機関に相談することをお勧めします。離婚前に専門的なアドバイスを受けておくことは、自分の考えをまとめるのに役立ちますし、何よりも離婚前後に行っておくべきことが明らかになるという利点もあります。相談先には以下のようなものがあります。

◉ 家庭裁判所を利用する

　家庭裁判所では、家庭内や親族間の問題を解決するため、①家庭裁判所の手続きを利用できるかどうか、②利用できる場合にはどのような申立てをすればよいか、③申立てにあたって必要な費用や添付書類は何か、などについて説明・案内をしている「家事手続案内」というサービスがあります。相談には、おもに家庭裁判所調査官や書記官があたり、相談時間は一件につき20分以内が目安とされています。

　家事手続案内は無料です。電話での相談は受け付けていません。相談ができる曜日・時間は各家庭裁判所で異なりますので、あらかじめ電話やホームページで確認してから窓口へ行くようにしましょう。なお、夫婦関係調整調停は、離婚調停としてだけでなく、夫婦関係を円満に回復するための調停（夫婦円満調整調停）とし

ても用いられていますから、「離婚」の二文字が頭をよぎったときは、法律的な問題ではなさそうだからと決めつけず、家庭裁判所に相談するのも選択肢のひとつです。

◉ 地方自治体などを利用する

　地方自治体（都道府県や市区町村）には、離婚自体の相談ができる窓口と、離婚後一人で子どもを育てて行くことに関しての相談ができる窓口があります。他にも、国際結婚の方など独特の問題が生じるケースについては、NPO法人などで相談窓口を設けているところがあります。

　いずれも、個々の自治体や運営組織ごとの利用規程がありますので、事前に電話などで問い合わせて利用しましょう。

① **離婚自体の相談**

　地方自治体では「男女共同参画推進センター」「女性センター」といった名称の機関で、カウンセラーや臨床心理士、弁護士などの資格を持つ相談員が、離婚やDVの問題を含めて、特に女性が抱える問題全般についての情報提供や相談に応じています。「配偶者暴力相談支援センター」に指定されている機関や、配偶者からの暴力専門の相談窓口を設置している機関もあります。

　離婚に際して、子どもの養育について相談したいときは、市区町村にある「児童家庭相談室」「家庭児童相談室」などと称する児童家庭相談の窓口が利用できます。以前は、あらゆる児童家庭相談を児童相談所が対応していました。しかし、児童虐待相談件数が急増したことなどにより、児童について必要な支援を適切に講じられるよう、子育て世代包括支援センター、市区町村子ども家庭総合支援拠点、児童相談所などの各種機関が相互に連携するように制度が見直されています。したがって、児童家庭相談の内容によっては、児童相談所の利用などを案内されることがあります。

その他、多くの市区町村では無料法律相談を受け付けているので、予約をすれば弁護士に無料で離婚に関する法律相談ができます。なお、法律相談であれば、各弁護士会が主催している有料の法律相談もあります。相談料はおおよそ30分5,500円程度ですが、調停や裁判に発展する可能性が高く、委任に結びつく場合は無料とされることも多いようです。また、収入と資産が一定基準以下の人であれば、法テラスの民事法律扶助を利用し、1回30分の相談を3回まで無料で受けることができます。民事相談扶助を受けられるかどうかの確認だけでもしてみるとよいでしょう。

② **離婚後一人で子どもを育てて行くことに関する相談**

　都道府県や市区町村の福祉事務所や町村の福祉課では、高齢者・障害者・児童・ひとり親世帯などの生活を支えるさまざまなサービスを提供しています。これらの中で、一人で子どもを育てる際にまず検討したいのは、児童扶養手当の支給を受けることです（次ページの表）。子どもの精神・身体に障害がある場合は、特別児童扶養手当となり、法律で定められた1級障害児は月額52,500円、2級障害児は月額34,970円が支給されます。また、ひとり親家庭を支える制度として、病気になったときの「ひとり親家庭等医療費助成制度（マル親）」、自宅での養育を伴う生活が困難になったときの「母子生活支援施設」があります。その他には「公営住宅抽選率の優遇」などもあります。

　さらに、「母子父子寡婦福祉資金貸付金」という融資制度もあります。これは20歳未満の子どもを扶養する母子家庭の母親や父子家庭の父親などを対象にした貸付け制度で、利息は保証人の有無により無利子または年利1〜3％、返済は一定の据置期間の経過後からの開始となっています。就職に必要な職業技能を身につけるための技能習得資金、事業をはじめるための事業開始資金、子どもを学校に入学させるため修学資金、住宅の購入・補修・改

築などのための住宅資金など、用途に応じたさまざまな貸付金が用意されています。

　以上のように、ひとり親家庭を支援する制度はさまざまです。それらを利用するときは、市区町村ごとに名称が違っていたり、複数の担当部署があったりするなど、多少手間取ることがあります。しかし、支援を受ける要件にあてはまれば、必要な支援は必ず受けられますので、根気強く手続きを行うようにしましょう。

■ 児童扶養手当の概要 ……………………………………………

対　象　者	次のいずれかの状態にある児童（18歳になった日以降の最初の３月31日まで、一定の障害がある場合は20歳未満）を養育している母や父、または養育者に支給される。 ① 父母が婚姻を解消（離婚など）した児童 ② 父又は母が死亡した児童 ③ 父又は母が重度の障害の状態にある児童 ④ 父又は母が生死不明の児童 ⑤ 父又は母に１年以上遺棄されている児童 ⑥ 父又は母が裁判所からのＤＶ保護命令を受けた児童 ⑦ 父又は母が１年以上拘禁されている児童 ⑧ 婚姻によらないで生まれた児童 ⑨ 棄児などで父母がいるかいないかが明らかでない児童
手　当　額 （令和2年度の基準）	・全部支給：43,160円 ・一部支給：10,180円〜43,150円 ※父や母、または養育者の所得（扶養親族の数によって異なる）によっては支給制限の対象になる ・児童2人以上の場合は、2人目に月額5,100円〜10,190円、3人目以降は1人につき月額3,060円〜6,110円が加算される。
支　給　方　法	1月・3月・5月・7月・9月・11月の年6回、2か月分ずつが受給者の口座に振り込まれる。
問い合わせ先	住所地の市区役所・町村役場

第2章

財産分与・慰謝料の
法律問題

1 財産分与の請求はいつまでできるのか

2年以内に請求しなければならない

◉ 財産分与は夫婦が築いた財産の清算である

　離婚に伴って支払われる金銭を離婚給付金といいます。離婚給付金には、財産分与、慰謝料、そして子どもがいる場合には養育費が含まれます。財産分与は婚姻期間中に築いてきた財産の清算、慰謝料は精神的損害の賠償ですから、本来両者は別のものです。しかし、お金の問題として財産分与の金額に慰謝料を含めることもあるため、財産分与と慰謝料どちらを問題にしているのかを理解しておく必要があります。離婚給付金の中でも、離婚の際にどの夫婦も話し合わなければならない財産分与は、もっとも重要だといえるでしょう。本章では、離婚給付金の中の財産分与と慰謝料について解説します。

　財産分与に関しては、夫婦の共有名義の財産に限らず、夫婦の一方の名義の財産であっても、夫婦の婚姻中に協力して築いた財産であれば、原則として財産分与の対象に含まれます。この点は、夫婦の一方が専業主婦もしくは専業主夫であって、収入を得ていなかったとしても変わりません。

　たとえば、夫が会社員で収入を得ているのに対し、妻は専業主婦で収入を得ていないとしても、夫が得た収入で取得した財産は、たとえ夫婦の一方の名義になっていても、原則として財産分与の対象に含まれます。この場合、婚姻中に夫が収入を得ることができたのは、妻の協力があってのことだと考えるのです。

　具体的には、夫婦が共同して使用する財産として、住宅、マンション、乗用車などを購入するときに、収入を得ている夫名義で

購入することが多いと思われますが、これらも財産分与の対象に含まれるのが原則です（財産分与の対象となる財産については55ページ以下を参照）。

◉「扶養的財産分与」について

　財産分与に関しては、婚姻中に協力して築いた財産を離婚に際して清算するという意味合いがあります。これを清算的財産分与といいます。その他に、離婚によって生活が不安定になる側を扶養するという意味合いもあります。これを扶養的財産分与といいます。

　たとえば、専業主婦の妻が夫と離婚するケースでは、離婚後における妻の生活が不安定になることは否めません。しかし、妻が家庭内のことに専念していたからこそ、夫は収入を得ることができたわけですから、離婚後に妻が自分の力で生活できるようにな

■ 財産分与と慰謝料のまとめ ‥‥‥‥‥‥‥‥‥‥‥‥‥‥‥‥‥

	性　質	算定の考慮要因	請求可能期間
財産分与	・清算的財産分与（婚姻中に夫婦が協力して得た財産を寄与の程度で清算） ・扶養的財産分与（離婚により生活困難になる側の扶養を図るもの） ・慰謝料的財産分与	・寄与度（財産形成に対する貢献度） ・有責性の有無 ・離婚後の扶養の必要性 ・離婚の経緯	離婚時から2年 （民法768条2項）
慰謝料	・婚姻破たんの原因（不貞行為やDVなど）によって受けた精神的損害の賠償	・財産分与の額 ・精神的苦痛の大小 ・有責性の程度 ・当事者の経済状態 ・離婚の経緯、婚姻期間、当事者の年齢	離婚時から3年が原則 （民法724条）

るまで、夫が妻の生活を保証するのが公平であると考えられています。

　扶養的財産分与をする際、収入を得ていた側は、その固有財産などを割いてでも、専業主婦・専業主夫の側に対して財産を与えるべきとされています。だからといって、専業主婦・専業主夫の側は、生涯にわたり全面的に扶養されて生活できるわけではありません。金額も支給期間も制約があります。

●財産分与額は婚姻期間が長いほど高額になる傾向

　当然のことながら、それぞれの夫婦が協力して築いた財産によって財産分与額は違ってきます。通常は、婚姻期間が長いほど協力して築いた財産が多くなり、財産分与の額も多くなる傾向が見られます。たとえば、専業主婦の妻が夫と熟年離婚をする場合、婚姻中に築いた夫名義の財産の中からも、高額の財産分与を請求できることになってくるわけです。

　ただし、夫婦の一方が共同生活のために負担した債務（住宅ローンや教育ローンなど）を引き継ぐ場合には、それが財産分与においても考慮されます。

　そして、財産分与の額が高額に過ぎず、かつ、租税回避を目的としていないと認められれば、財産分与について贈与税が課せられることはありません。

● 財産分与の請求は必ず２年以内に行うこと

　離婚に伴う財産分与を請求できるのは、離婚時から２年以内に制限されています（民法768条２項）。相手方が財産分与に応じる様子がなければ、この期間内に調停の申立てや訴訟の提起などの裁判上の手続きをしておかないと、財産分与の請求ができなくなる点に注意が必要です。

さらに、財産分与の請求ができる期間内であっても、それが事実上不可能な状態になる可能性もあります。たとえば、婚姻中は夫婦で居住していた夫名義のマンションについて、夫が離婚後に第三者に転売すると、その第三者に対して、妻がマンションの返還を請求することは非常に困難になります。夫名義の財産は、第三者から見れば夫個人の財産だからです。

　このように、離婚時から時間が経過すればするほど、財産分与が実現できなくなるおそれが高まります。相手方が財産分与を拒否する姿勢をとっている場合には、離婚後すぐに請求できるように、離婚前から手を打っておくべきでしょう。

　なお、離婚後に相手方が得た財産や、離婚前後を問わず相手方が相続で得た財産は、財産分与の対象外です。あくまで「離婚時までに協力して築いた財産」が財産分与の対象です。

◉ 財産がどの程度なのかをきちんと調べておこう

　離婚に伴って財産分与を請求する側は、相手方の名義になっている財産の状況を可能な限り調べておきます。相手方名義の預貯金であれば銀行名・支店・口座番号・金額など、不動産であれば地番（所在地）・抵当権設定など、株式であれば銘柄・数・証券会社などをチェックしておくことをお勧めします。

　漠然と知っているだけでは、請求できるものも請求できないまま不本意な結果に終わることになりかねません。特に銀行や証券会社は、元の配偶者であっても、個人の預貯金や株式の事情を簡単には教えてくれません。弁護士に相談しても調査が難しい場合もあります。一方、不動産については、正確な地番がわかれば、誰でもその不動産に関する情報を取得できます。

Q 財産分与と慰謝料にはどんな違いがあるのでしょうか。
離婚時に決めておかなければなりませんか。

A 離婚に際して決めなければならないのは、子どものいない夫婦の場合は、財産分与や慰謝料など金銭的なことがメインになると思われます。これまでに夫婦で築いてきた財産を、お互いの間で清算する必要があります。これが財産分与です。

たとえば、妻が専業主婦で金銭的な収入がなかったとしても、婚姻中に築いた財産は、たとえ夫名義の財産であっても、妻の協力があっての財産だと考えて、財産分与の対象に含めます。また、夫婦の一方の不貞行為などが原因で離婚するとしても、基本的には離婚原因を作出した側（有責配偶者）から財産分与を請求することができます。

一方、慰謝料は、財産分与とは違って、どんな場合でも請求できるものではありません。慰謝料の請求ができると考えられるのは、基本的に相手方が有責配偶者である場合です。夫婦双方に同等の離婚原因がある場合や、夫婦のどちらかに責任を負わせるような離婚原因がない場合には、原則として慰謝料の請求は認められません。

財産分与の時効は離婚時から２年、慰謝料の時効は離婚時から３年が原則で、離婚後でも請求は可能です。ただし、離婚後に請求しようとしても、多くの場合、簡単には応じてもらえないのが現実です。また、肝心の財産を第三者に処分していて、財産分与や慰謝料を受けられない可能性もあります。離婚に際しての金銭的な条件は、できるだけ早いうちに、できれば離婚前に、夫婦間の協議によって決めておくのがベストだといえます。

2 財産分与の対象となる財産について知っておこう

預貯金や不動産などたいていのものは財産分与の対象となる

◉ 退職金や無形財産も対象になる

　夫婦の共有財産もしくは結婚中に夫婦間で協力して築いた財産として財産分与の対象となり、夫婦間で清算されるものは、以下のとおりです。

・預貯金（解約時にお金が戻ってくる生命保険を含む）
・不動産、有価証券（株式・債券など）、投資信託、会員権、価値の高い美術品や骨董品、退職金
・医師や会計士、弁護士などの資格 など

　このうち、退職金（あるいは退職年金）は、給料の後払いという性格から、財産分与の対象となります。退職金は、別居時に勤務先を自主的に辞めた場合にもらえる退職金を基準として、勤務期間中のうち、同居期間の退職金を月割り計算します。たとえば、勤務期間が10年、同居期間が５年の場合、別居時に辞表を出したらもらえるであろう退職金の２分の１が、財産分与対象財産となります。

◉ 財産分与の対象外になるものとは？

　結婚前に自分で貯めていた預貯金や、結婚前に実家から譲り受けた財産は、原則として、その人の固有財産と認められ、財産分与の対象外になります。

　ただし、結婚中の生活費の不足分を、夫婦の一方の結婚前の貯蓄だけでまかない、他方の結婚前の貯蓄は使わずに残していたような場合は、その残していた貯蓄は財産分与の対象になる可能性

があります。夫婦の一方の協力があって、他方の貯蓄が残っているといえる場合があるからです。この点は、相手方の協力があって、結婚前からもっていた自分の固有財産を使わずに維持できた場合も同様だといえます。

◉ 共働きの場合の財産分与は２分の１が基本

　共働きの夫婦が離婚した場合は、夫婦間の収入に著しい格差がない限り、２分の１ずつの割合で財産分与をするのを基本としています。結婚中に夫名義で購入した財産（住宅、マンション、乗用車など）も、夫婦間で協力して築いたものであるとされ、財産分与の対象に含めるのが基本です。

　注意しなければならない点は、夫が会社社長（経営者）で妻がその従業員であるような場合、会社名義の財産は、原則として財産分与の対象外となることです。法律上、社長個人と会社は別の人格として扱われるからです。しかし、会社が小規模であって、会社の財産と夫婦の財産が区別されていないような同族会社の場合は、配偶者は会社という形態を通じて財産を所有していると考え、その株の純資産価値を財産分与の対象と考えます。その場合も、その株の純資産価値について２分の１ルールが適用されます。

◉ 専業主婦（主夫）の財産分与の割合も２分の１が基本

　離婚した夫婦の一方が専業主婦・専業主夫の場合も、憲法が規定する夫婦の平等を重視し、２分の１ずつの割合で財産分与をするのを基本とする考え方が主流になりつつあります。

◉ 不動産の財産分与について注意すること

　財産分与として不動産を分ける場合、通常は夫婦が居住していた持ち家やマンションなどを分けることになります。「一つの不

動産を2人で分ける」というのは、現金を分けるのとは違い、手続きや費用がかかるだけでなく、不動産を2人で共有することになって権利関係が複雑化します。そのため、不動産そのものをわけずに、夫婦の一方が不動産を取得し、他方が不動産を取得した側から現金を支払ってもらう、という方法を採用することが多いようです。

この場合、不動産を取得した側は、相手方に現金を支払わなければならないため、金額的に大きな負担を負うことになります。しかし、相手方に現金を支払いさえすれば、慣れ親しんだ持ち家やマンションなどに居住し続けることができます。したがって、一概にどちらが有利であるとは言い切れません。

また、ローン付きの不動産を取得する場合は、債権者との話し合いをはじめ、ローンを引き継ぐという大変な作業を続けていかなければなりません。もっとも、ローンの残額によっては、そのローンを引き継ぐことで、相手方に現金を支払うことなく不動産を取得することができるケースもあるでしょう。

● 不動産の財産分与の手続きで注意すること

実際に不動産の財産分与を受ける場合には、主として次のような手続きを行う必要があることに注意が必要です。

① 所有権移転登記をする

不動産の所有権は、所有権移転登記をすることで、はじめて第三者に対して主張できるものとなります。したがって、不動産の財産分与を受ける場合で、自己名義の登記ではない（もしくは夫婦の共同名義である）ときは、必ず自己名義への所有権移転登記の申請をしなければなりません。

この申請をするときは、不動産の譲渡を受ける側だけではなく、譲渡をする側の関係書類（権利証、印鑑証明書、実印を押した登

記のための委任状など）も必要です。

② 借地権・借家権の譲渡は地主・家主の了解を得る

　借地（他人から借り受けた土地）上に建てられた不動産の財産分与を受ける場合で、その不動産の登記が自己名義ではない（もしくは夫婦の共同名義である）ときは、借地については借地権の譲渡に該当します。借地権の譲渡については、地主の承諾が必要ですから、事前に承諾をとる必要があります。

　そして、借地と同じことが、財産分与を受ける建物が借家である場合にもあてはまります。

● 財産分与にかかる税金について

　財産分与や慰謝料も課税される場合があります。中には、譲り受ける（もらう）側でなく、譲り渡す（渡す）側に税金が課せられることもありますから、注意が必要です。

① 譲り渡す側に課せられる税金がある

　財産分与や慰謝料については、現金以外の不動産や株式などに対しては税金がかかる場合があります。たとえば、5000万円で購入した不動産が、財産分与の時点では8000万円に値上がりしていた場合、差額の3000万円は「譲渡益」となり、不動産を譲渡した側が譲渡益課税を負担します。なお、居住用不動産については特別控除制度などもありますから、税理士に相談して進めた方がよいでしょう。

② 譲り受ける側に課せられる税金

　不動産を譲り受けた側には不動産取得税が課せられますが、それ以外に贈与税などの税金を支払わなければならないようなことはないのが原則です。ただし、財産分与や慰謝料として高額に過ぎる不動産を取得したようなケースでは、税金を支払わなければならない場合もあります。

Q 離婚協議中ですが、財産分与や養育費など金銭面での折り合いだけがつきません。離婚届の提出を先にすませ、金銭面については離婚後に決めることはできるのでしょうか。

A 夫婦間での合意があれば、財産分与や生活費などの細かい取り決めを行わなくても、協議離婚によって離婚を成立させることができます。しかし、離婚を急ぐあまり、話し合いをほとんどもたずに手続きを進めるのは得策とはいえません。特に金銭面の話は、後々こじれると解決が難しくなるため、離婚手続きの前に解決するのが望ましいといえます。話しがつかない場合には、家庭裁判所が取り扱う家事調停（夫婦関係調整）という手続きを利用できます。

家事調停による取り決めは、「調停調書」にまとめられます。調停成立後に取り決めが守られない場合には、当事者の申出によって、裁判所から相手方に対して、履行勧告、履行命令、強制執行（208ページ）などを段階的に出してもらうことができます。

家事調停で話し合いがつかない場合には、養育費の請求などについては、家事審判という手続きに移り、家庭裁判所の判断を待つことになります。

慰謝料について調停が不調となった場合には、最終的には地方裁判所に提訴して、裁判による判断を求めることになります。

Q 離婚にあたって財産分与をしなければならないのですが、対象となる財産の範囲を教えてください。

A 大まかに言うと、夫婦の共有財産、結婚中に夫婦間で協力

して築いた財産が、財産分与の対象となります。したがって、結婚中に形成された財産は、基本的に財産分与の対象になると考えてよいでしょう。不動産、動産、有価証券（株式・債券）、預貯金など、あらゆる財産が財産分与の対象となります。

　これに対し、嫁入り道具などのように結婚前から各々が所有していた財産や、結婚前後を問わず各々が相続した財産は、財産分与の対象外です。

　さらに、結婚していても別居中に各々が形成した財産は、夫婦間で協力して築いたものとはいえないため、財産分与の対象外となるのが原則です。たとえば、結婚してから10年になるが、離婚前の2年間は別居していた場合、その2年間に各々が形成した財産は、財産分与の対象とならないのが原則です。

　そして、財産分与の対象となる財産をどのような割合で分与するかは、財産形成にどの程度寄与（貢献）したかによって決まります。財産の名義は関係ありません。どちらがどの程度寄与したかによって決まります。専業主婦（主夫）であっても家庭を支えることで、他方の財産形成に寄与しています。ただ、実際には2分の1の割合になることが多いようです。

　財産分与は、資産から債務を差し引いて計算します。債務が資産より多ければ、財産分与対象はないことになります。債務だけの分与はしません。また審判でも、債務は変更しません。協議で、債権者の同意を得て、債務者を変更することは可能です。

Q 財産分与の対象となる財産はどのように評価すればよいのでしょうか。

A 財産分与の対象となる財産の確定後、それが金銭的にいく

らになるのかを評価（査定）します。現金や預貯金のように、金銭的な評価が確定しているものであれば、特に問題はありません。しかし、不動産や乗用車などは、金銭的にいくらになるのかを評価する必要があります。財産分与の対象となる財産をどのようにして金銭的に評価するかについて、特に法律上の規定があるわけではありません。客観的かつ合理的であれば、当事者の合意で自由に決めることができます。金銭的な評価方法としては、概ね次のようになります。

① 動産

夫婦とも取得希望がない場合は、売却して売却代金を財産分与対象財産に組み入れます。どちらかに取得希望があるときは、その時点の貴金属相場で決めます。宝石類は、業者に問い合わせる等して決めます。

② 有価証券

市場性のある有価証券は、その市場での時価を基準とし、閉鎖企業等の株式は貸借対照表により計算し、それ以外は、相続税の財産評価基本通達を参考にします。

③ 不動産

業者の無料査定書を利用して評価を決めます。住宅ローンがあれば、その分は評価額から差し引きます。

Q 私は夫の会社経営を8年間サポートしてきました。夫のめぼしい財産は会社名義です。会社名義の財産について財産分与は受けられないのでしょうか。

A 会社とその経営者である夫は、法律的には別の人格です。そのため、会社の財産は、夫婦の財産ではありませんから、原則

として、夫が経営する会社の財産について、妻が財産分与を請求することはできません。しかし、その株式が財産分与の対象になります。その株式に市場性があれば、その評価は、市場価格によります。

これに対し、会社といっても、小さな同族企業などの場合で、100％近く配偶者が株を所有している場合などは、その株を純資産で評価します。その上で、原則として、その2分の1に相当する金銭を財産分与として取得することになります。

分与基準は2分の1が原則ですが、企業の成長が著しく、配偶者の才覚による部分が大きいときは、2分の1ルールは修正されます。

Q 共働きの場合は財産分与が2分の1の割合になるのはわかる気がするのですが、私のような専業主婦の場合はどうなるのでしょうか。

A 本ケースのように、夫の収入だけで生活していた専業主婦である妻の場合、夫婦の共同名義の財産だけでなく、夫名義の財産からも財産分与を受けることができるのでしょうか。

夫が安心して働き、財産を形成することができたのも、家事や育児を担ってきた妻の協力があったからです。収入は夫だけが得ていたとしても、それが夫婦間で協力して築いたものだといえます。したがって、専業主婦であった妻は、夫名義の財産からも財産分与を受けることができるのが原則です。なお、夫が結婚前から所有していた財産や、結婚前後を問わず夫が相続した財産は、他の場合と同様に財産分与の対象外です。

財産分与の割合について、以前は専業主婦に対する評価が低く、

財産分与の割合は3割程度が一般的でした。しかし、専業主婦の場合も、憲法が規定する夫婦の平等を基本として、財産分与の割合は2分の1ずつであるとするのが、家庭裁判所の実務です。

以上の点は、妻の収入だけで生活していた専業主夫の夫である場合も、同じように考えることができます。

Q 持ち家（元夫名義）は元夫と子どもが住むために財産分与の対象としませんでした。離婚して1年経過しましたが、持ち家の財産分与を請求することはできますか。

A 離婚に伴う財産分与を請求できるのは、離婚の時から2年以内と決められています（民法768条）。この期間を過ぎた後では財産分与を請求できなくなりますから注意が必要です。本ケースでは、離婚の時から1年を経過しただけなので、まだ財産分与を請求できる権利は残っています。

そうであっても、早く請求しないと、持ち家について財産分与の請求が不可能な状態になる可能性があります。たとえば、元夫が持ち家を第三者に売却したような場合です。本ケースの持ち家は元夫名義ですから、元夫は持ち家を第三者に売却する権利があります。したがって、持ち家が第三者に売却され、登記も第三者に経由されてしまうと、持ち家の財産分与を受けることは不可能になると考えるべきでしょう。なお、この場合であっても、持ち家の売却代金から財産分与を受けることができる余地は残されています。

しかし、持ち家と一緒に住宅ローンも元夫が引き継いでいるときは、後述するように、住宅ローンの残額によっては、持ち家の経済的な価値がないと判断され、財産分与の請求ができない場合

が生じます。

　また、本ケースの持ち家について、元夫が相続によって持ち家を取得した、元夫が結婚前から持ち家を所有しており住宅ローンも結婚前に完済していた、といった事情が認められる場合は、持ち家が夫婦間の協力によって形成されたものでないとされ、財産分与の対象外になると考えられます。

Q 今住んでいるマンションについて財産分与をする場合、どんな問題がありますか。

A 　不動産を財産分与の対象とする場合は、ローン（住宅ローン）の残額が問題になります。ローンの残額が不動産の評価額を下回っている場合には、評価額からローンの残額を差し引いた金額が財産分与における不動産の価値となって、その不動産が財産分与の対象となります。

　不動産を売却した場合は、売却代金でローンを返却した残金を財産分与分（各々2分の1の割合が基本です）に応じて分けます。夫婦の一方が不動産を所有する場合は、不動産の価値（評価額からローンの残額を差し引いた金額）を基準に、他方が財産分与分を金銭で受け取ります。

　ただし、不動産を所有する者に不動産以外の財産がなければ、財産分与分の一括払いは難しくなります。この場合、分割払いになるのはやむを得ないですが、毎月の支払額などを決めて公正証書（204ページ）を作成しておくべきです。

　以上に対し、ローンの残額が不動産の評価額を上回っている場合には、財産分与の考え方では、不動産に経済的な価値はないと判断します。たとえ売却してもローンの残金が発生するからです。

この場合、不動産を売却した後は、ローンの名義となっている者が引き続き残金を支払います。夫婦の共同名義であったときは、離婚後も両者が残額を支払うのが原則です。

そして、いずれの場合であっても、不動産の登記簿上の所有名義が夫婦の共同名義であれば、離婚後に不動産を所有する者の単独名義に変更することが重要です。共同名義のままでは、将来的に売却する場合など他方の同意が必要になる場面で、連絡が取れないなどのトラブルが生じ得るからです。

Q 収入面や子どもの転校を避けるため、夫との離婚後も今の家に住みたいと考えていますが、可能でしょうか。

A 　今の家に離婚後も住み続けることができるかは、夫婦間の協議にかかっています。協議が成立しない場合や、そもそも協議ができない状態である場合には、家事調停の申立てを検討に入れることが必要です。そして、今の家が持ち家である場合は、財産分与の問題になります。今の家に住み続けることができるように、財産分与に際して、持ち家の登記簿上の所有名義を自分に移してもらうよう交渉しましょう。その場合、ローンの残金を自らが負担したり、夫に帰属する財産分与分の一部を金銭で補ったりすることになるかもしれません。財産分与の内容は、各々の夫婦の事情によって異なりますので、離婚後の生活に無理が出ないよう慎重に話し合ってください。

これに対し、今の家が賃貸である場合は、賃借人名義が問題になります。夫婦のうち契約書に賃借人として記載されていない側が居住を続けることになる場合には、原則として、貸主から承諾を得ることが必要だからです。このとき、貸主から「前の契約を

解除して新しい契約をするので、敷金を支払ってほしい」などと要求される可能性があります。しかし、実質的な利用状況が変わらず、室内のリフォームなども必要ないと認められるときは、契約書に賃借人として記載されていない側が賃貸人の承諾を得ないで居住を続けていても、賃貸借契約を解除する理由がないとされ（信頼関係破壊の法理）、敷金の支払義務なども発生しないと考えられます。

　家賃の滞納や室内の著しい破壊など、賃貸借契約を解除する正当な理由がある場合は別ですが、そのような理由がないのであれば、現在の賃貸借契約の継続を貸主と交渉することがポイントです。

Q 夫の給料から少しずつ私名義のヘソクリを貯めています。離婚する場合、それも財産分与の対象となるのでしょうか。

A　夫婦が離婚する時に、その財産を公平に分配するための制度が財産分与です。夫婦は協力して生活を営んでおり、財産の形成も協力して行っているわけですから、離婚に際しては、協力して築いた財産を公平に分配することになります。

　財産分与の対象となるのは、夫婦が婚姻中に協力して築いたと評価できる財産です。ですから、婚姻前からそれぞれが所有していた財産は対象外です。

　たとえば、妻が嫁入り道具として持参した家具類や、夫が婚姻前から所有していた自動車は対象外です。また、婚姻中でも、親族から相続した財産や、他人から贈与を受けた財産のように、夫婦が協力して築いたと評価できない財産も対象外です。

　一方、婚姻中に購入した家電や家具類など、夫婦のどちらの名義であるか明確でないものは、夫婦の共有財産であると推定され、

財産分与の対象となります。さらに、夫婦の一方の名義になっていても、夫婦が協力して築いた財産であれば、財産分与の対象となります。たとえば、婚姻中に購入した不動産は、夫名義にする場合が多いと思われますが、夫婦が協力して築いた財産として財産分与の対象になるのが原則です。

本ケースの「ヘソクリ」は、婚姻中に貯めていたものなので、夫婦が協力して築いた財産と認められます、したがって、ヘソクリを現金で保管していても、妻名義の通帳に貯めていたとしても、財産分与の対象となって、夫婦で分けることになるでしょう。

Q 結婚して共働きをしていましたが、離婚することにしました。財産分与の割合はどのようになるのでしょうか。

A 夫婦が共働きなのか、専業主婦なのかを問わず、同居期間中に形成された財産について、一律、2分の1ルールで処理します。夫婦の財産形成に対する貢献度など判断不可能ですし、家庭での役割分担で取得割合が異なる合理性はないからです。

ただ、たとえば、共働きなのに、妻だけが家事育児を担っていたという場合などは、4対6で分ける場合もありますし、配偶者の一方が著しく高所得の場合なども2分の1ルールを修正します。これらの場合は、貢献度は同じという推定が働かないからです。

Q 夫が「仕事をやめて、郷里に帰って事業を始める」と言い出したことから、夫婦関係が悪くなって、離婚することになりました。私としては、マンションを財産分与してほしいのですが、夫には他にたいした財産はありません。どうすればよいのでしょうか。

A マンションにこだわらないときは、これを売却してローンを返済した上で、残額を夫婦で分け合うことになるでしょう。ただ、マンションをいずれか一方の手元に残したい場合には、工夫が必要になります。

　方法としては、あなたがマンションの所有権を財産分与してもらい、ご主人への財産分与分（財産分与の割合）はあなたが金銭で支払う方法があります。たとえば、あなたの財産分与分が40％、マンションの価格が3000万円であれば、夫の財産分与分である60％にあたる1800万円は、あなたが夫に支払うわけです。一括払いが難しいときは、分割払いにしてもらいます。その場合、分割払いを担保するため、夫がマンションに抵当権を設定することもあります。

　マンションを手元に残すときは、ローンの取扱いが問題となります。一つの方法は、あなたが今後のローンをすべて引き受ける代わりに、夫に支払うお金を、その分だけ少なくしてもらうものです。この場合は、ローンの債権者の同意が必要であることに注意を要します。同意が得られない場合には、夫を債務の名義人にしたまま、実際にはあなたがローンを支払っていくという方法をとることもできます。

Q 夫の個人事業が業績不振で負債を抱えています。離婚して私が財産分与を受けることで、債権者の追及を逃れることは可能ですか。

A 夫の名義になっている財産について、妻であるあなたに分与ができるのかという問題があります。財産分与の制度は夫婦が協力して築いた財産について、その貢献度に応じた分与を認めるものです。したがって、財産の名義が誰かを問わず、夫婦が協力して築いたかどうかによって判断していきます。本ケースの場合も、原則として、2分の1ルールが基準となります。専業主婦でも、事業に協力していても、同じ基準となります。

ただ、債権者からの追及を免れるため、本来妻に分与される割合よりも不相当に過大な財産を分与すると、債権者が詐害行為取消権（民法424条）を行使し、不相当に過大な部分について財産分与の取消しを主張する可能性があります。詐害行為取消権とは、債権者からの追及を免れるため、債務者が自らの財産を他人に譲渡した行為を取り消し、譲渡した財産を債務者の元に戻すことを裁判所に請求できる権利です（金銭や動産は債権者への引渡請求も可能です）。

財産分与は離婚に関連するもの（身分行為といいます）ですから、相続放棄や養子縁組などと同じく、詐害行為取消権の対象外です。しかし、判例は、財産分与名目で2分の1を超えて全部妻名義にしたときなど、財産分与に名を借りた財産隠匿行為だとして、詐害行為取消権の行使を認めています。したがって、本ケースでも、裁判所が不相当に過大と判断した部分だけですが、財産分与が取り消される可能性があると考えられます。

3 慰謝料はどうやって請求すればよいのか

離婚後3年以内に請求しなければならない

◉ 単に「性格の不一致」というだけでは発生しない

　離婚をすることで手にする財産は、財産分与の他に慰謝料もあります。財産分与は、夫婦で協力して築いた財産に対する貢献度に応じて分配されるので、離婚の原因を作出したことのみを理由にして、財産分与分（財産分与の割合）を減額されることはありません。これに対し、慰謝料は、相手方から受けた精神的苦痛に対して支払われる金銭です。主として不貞行為（不倫・浮気）やDV（暴力・虐待）が、配偶者に対する慰謝料請求の原因となることが多いようです。しかし、離婚原因としてよく聞かれる「性格の不一致」のようなあいまいな理由だけでは、慰謝料が発生することはないといえます。

　慰謝料と財産分与は別個のものですから、実務上、清算的財産分与で慰謝料を考慮することはありません。これに対し、扶養的財産分与では、扶養の判断で有責性が考慮されることもあります。ただ、これは例外的で、慰謝料は慰謝料で別に請求する必要があります。

　このように、財産分与と慰謝料とは法律上は一応別のものとして位置づけられていますから、両者を区別して確認することが重要です。調停調書などに「今後名目の如何を問わず、財産上の請求を一切しない」といった一筆を書き入れたものを示された時は、特に注意が必要です。よく読まずにサインをしてしまったために、本来は受け取る権利があるはずの金銭などが受け取れなくなるおそれが生じるからです。

◉ 慰謝料の相場は意外に低い

　慰謝料の金額は、数十万円～300万円が相場とされています。判断にあたっては、離婚後の経済事情、婚姻期間、子供の有無などが重視されます。

　もっとも、300万円を超えることができないというのではなく、たとえば、資産家の夫がどうしても離婚したければ、多少高くても妻の提示する金額を支払うでしょう。反対に、妻が「とにかく離婚したい」と思っていれば、慰謝料の金額にはそれほどこだわらないでしょう。しかし、通常は何千万円もの多額の慰謝料を得られるわけではありません。慰謝料の金額に対して過度の期待はしないでおくべきでしょう。

◉ 結婚期間によって慰謝料額は変わってくるのか

　財産分与と同様に、慰謝料の額の算定にあたっても、結婚期間（婚姻期間）の長短は考慮されます。たしかに、数十年もの長い結婚生活の末に突然離婚したとなれば、経済的のみならず精神的にもダメージが大きいと考えられますから、慰謝料額も相応に高くなる可能性はあります。しかし、実際にはケース・バイ・ケースで決まるものであって、熟年離婚だとしても慰謝料が必ずしも高額になるとは限りません。

◉ 夫婦の両方が慰謝料を請求し合った場合

　妻が「夫は私と一切会話もせず、私を家政婦としか思っていない。こんな結婚生活は耐えられない。慰謝料をもらって離婚する！」と主張すれば、夫は「妻は浪費癖がひどく、結婚生活の維持が困難になりかけた。慰謝料を請求するのはこっちのほうだ！」と主張するように、お互いが慰謝料を請求している場合は、どのようになるのでしょうか。

たとえば、「双方が不貞をした」「双方がDVをした」というような場合等は、「お互い様」ということで慰謝料の支払いを命ずることはありません。

　しかし、その有責性の程度が異なる場合、たとえば、妻が10年前に一度だけ不倫をしたが、夫は、永年にわたり繰り返し不貞をしていた場合などは、夫に慰謝料の支払いを命ずる際、妻の不貞を考慮して、慰謝料の支払金額を決めます。

　同様に、夫は永年にわたり暴力行為をしていたが、妻が一度だけ暴力をふるったという場合なども、夫に慰謝料の支払いを命ずる際に、妻の暴力も考慮して慰謝料の支払金額を決めます。

■ 慰謝料はどうやって決定するか ……………………………………

明確な基準や相場があるわけではない

・離婚の直接的な原因を作出したのはどちらか
・有責性の程度（過失相殺を行うかどうかなど）
・加害者側の資力や婚姻期間など

 総合考慮して判断

慰謝料額の決定

Q 離婚の慰謝料を請求したいのですが、その額は結婚期間によって変わってくるのでしょうか。

A 　財産分与と同様に、慰謝料額の算定にあたっても、結婚期間（婚姻期間）の長短は考慮されます。しかし、実際には慰謝料額はケース・バイ・ケースによって決まるため、結婚期間が短いと慰謝料額が少なく、熟年離婚だと慰謝料額が多くなるとは限りません。

　慰謝料は、離婚の直接的な原因を作出した人（加害者）が、精神的損害を受けた相手方（被害者）に対して支払う損害賠償です。そして、慰謝料の前提となる「離婚の直接的な原因」については、不貞行為（不倫・浮気）やDV（暴力・虐待）など、精神的損害を受けるような原因を指します。したがって、性格の不一致、会話がない、浪費癖といった程度では、精神的損害を受けるような原因とはならない、つまり「離婚の直接的な原因」とはならず、慰謝料は請求できないことが一般的です。

　ただし、慰謝料を請求できる場合であっても、精神的損害を受けた側に離婚について過失がある場合には、過失相殺が行われて、慰謝料額を減らされるのが一般的です。

　では、夫婦の双方が不倫をしており、離婚の直接的な原因がお互いにある場合はどうでしょうか。この場合は、ともに離婚原因を作出したとして、裁判所は双方の請求を棄却します。

Q 浮気を繰り返す夫に疲れ果て、娘2人を私が育てる条件で離婚したいと考えています。慰謝料はどの程度請求できるのでしょうか。

A 　本ケースの場合には、当然、離婚の直接的な原因が夫にあるため、慰謝料を請求できます。もっとも、離婚の際に請求できる慰謝料の金額や算定方法は、法律上、特に定めがあるわけではありません。そのため、離婚の調停や裁判において慰謝料の額を決める場合、さまざまな困難を伴うことがあります。そこで、裁判実務においては、婚姻期間、子供の有無、同時に支払う財産分与の金額などを総合的に判断して金額を決めます。相手方の不貞で家庭が破たんし、配偶者は今後母子家庭の生活を余儀なくされる場合などは、精神的苦痛の程度に大きいとして、高額な慰謝料の支払いが命じられる傾向にあります。

　婚姻期間の長短も考慮されます。婚姻期間が長ければ長いほど、受ける精神的苦痛の程度が大きいと考えられるからです。

　なお、夫には慰謝料とは別に子の養育費として、月々数万円から15万円程度の支払義務が生じます。具体的な金額は、夫と妻の収入状況や子の年齢などを考慮して決定します。裁判所が「養育費・婚姻費用算定表」（237〜255ページ）を示しており、これを目安として具体的な金額を決定することが多いようです。

Q 　姑の執拗な嫌がらせに疲れました。離婚したいのですが姑に対して慰謝料を請求することはできますか。

A 　本ケースの姑のように、夫側の親族が夫婦関係に対して過剰に干渉してきたため、結婚生活が破たんすることもあります。その場合、離婚に際して、その親族に対して慰謝料を請求することはできるのでしょうか。

　実際のところ、夫側の親族が夫婦関係に干渉してきたために夫

婦仲が悪くなり、離婚を決意した場合であっても、その干渉が著しく不当でない限り、慰謝料を請求することは難しいでしょう。慰謝料請求が認められる著しく不当な干渉といえるためには、客観的に見て限度を超えた干渉であることが必要です。本ケースでは、姑が主導的かつ積極的に介入することで、夫婦関係を破たんさせる方向に干渉したため、離婚が避けられない状況に至ったような場合に、慰謝料請求が例外的に認められる可能性があります。

　離婚に関しては、夫に対する慰謝料請求が基本で、姑などの親族に対する慰謝料請求は、あくまでも例外的である点は理解すべきです。離婚に関しては親族への慰謝料請求は、夫への請求よりも困難であると認識しておくことが重要です。

● **親族に対する慰謝料請求は消滅時効に注意する**

　本ケースの「姑の執拗な嫌がらせ」は、交通事故のように１回だけの加害行為ではなく、継続的に行われる加害行為であるという性質を持っています（これを継続的不法行為といいます）。この場合の消滅時効は、日々の加害行為によって日々発生する損害（精神的損害も含みます）について、被害者がそれぞれの損害を知った時から個別に進行するというのが最高裁判所の考え方です。

　そのため、「執拗な嫌がらせ」を理由とする姑に対する慰謝料は、訴訟を提起した日（訴訟の提起によって慰謝料の時効消滅を阻止できます）からさかのぼって３年分しか請求できないのが原則です。これは、直近３年以内に執拗な嫌がらせがなければ、原則として慰謝料請求はできないことを意味します。慰謝料の法的根拠となる不法行為の消滅時効は、加害者と損害を知った時から３年で時効消滅するのが原則だからです（民法724条１号）。なお、この場合の姑への慰謝料請求は、離婚をするかどうかに関係なく請求できます。

　これに対し、姑に対して「離婚」を理由とする慰謝料の請求をすることは、特段の事情がない限り認められないとするのが最高

裁判所の考え方です。離婚をするか否かは夫婦の問題であり、第三者が直ちに離婚に関する責任を負うわけではないからです。したがって、姑による執拗な嫌がらせに対しては、早期に法的手段を講じることが重要です。

Q 離婚の原因を作った夫だけでなく、夫の浮気相手にも慰謝料を支払わせることは可能でしょうか。消滅時効について注意すべき点はあるのでしょうか。

A 夫婦は同居し、互いに協力・扶助する義務を負います（民法752条）。この義務については貞操義務も含まれると考えられており、貞操義務に反する行為を「不貞行為」と呼んでいます。一般的にいう不倫や浮気のことです。不貞行為に該当するのは、双方の合意に基づく肉体関係を伴う関係であるとされています。肉体関係を伴わない関係は不貞行為に該当しません。不貞行為が原因で夫婦関係が破たんして離婚に至れば、不貞行為をした夫に対して慰謝料を請求できます。

また、夫の浮気相手に対しては、夫が既婚者であることを知り（故意）、または知ることができた（過失）にもかかわらず、夫と肉体関係を持ったため、妻が精神的苦痛（精神的損害）を受けた場合に、慰謝料を請求できます。この慰謝料請求は、離婚をするかどうかに関係なく妻が請求できるものです。

ただ、夫が浮気相手に対して独身であると巧妙に嘘をついて信じ込ませていた場合など、不貞行為の様態によっては故意や過失が認められず、浮気相手に対して慰謝料を請求できない場合もあります。したがって、浮気相手に慰謝料を支払わせることができるとは限らない点に留意しておくべきでしょう。

●浮気相手に対する慰謝料請求は消滅時効に注意する

　前述した姑の執拗な嫌がらせと同じく、不貞行為も継続的不法行為だといえます。不貞行為を理由とする慰謝料の消滅時効は、不貞行為の事実とその相手（浮気相手）を知った日から３年が原則です。したがって、「不貞行為」を理由とする浮気相手に対する慰謝料も、訴訟を提起した日からさかのぼって３年分しか請求できないのが原則です。これは、直近３年以内に不貞行為なければ、原則として慰謝料請求はできないことを意味します。

　これに対し、浮気相手に対して「離婚」を理由とする慰謝料請求をすることは、特段の事情がない限り認められません。したがって、浮気相手に対する慰謝料請求を考えているのであれば、早期に法的手段を講じることが重要です。

●配偶者に対する慰謝料請求は消滅時効の特則がある

　配偶者に対して有する権利は、離婚時から６か月を経過するまでは消滅時効が完成しないという特則が存在します（民法159条）。したがって、配偶者（本ケースの場合は夫）に対して「不貞行為」を理由に慰謝料を請求する場合は、浮気相手に対する請求と異なり、３年分より前の不貞行為についても、離婚時から６か月以内に訴訟を提起することで請求が可能です。しかし、離婚時から６か月の経過後は、原則として、浮気相手に対して請求する場合と同じように考えます。

　これに対し、浮気相手に対する場合と異なり、配偶者に対して「離婚」を理由に慰謝料を請求することは可能とされています。そして、離婚時に加害者（本ケースの場合は夫）と精神的損害を知ることが通常ですから、離婚時から３年以内に請求すべきことになります（民法724条１号）。

Q 夫の不倫が原因で離婚することになりました。慰謝料は
どの程度受け取ることができるのでしょうか。

A 不倫（不貞行為）は離婚の直接的な原因となるため、夫の
不倫を理由として離婚する場合、これにより精神的苦痛（精神的
損害）を受けた妻は、夫に対して慰謝料を請求することができま
す。慰謝料の金額について、法律上明確な基準は規定されていま
せん。したがって、請求するだけであれば、どんなに高額であっ
てもかまわないでしょう。しかし、一方的に慰謝料の金額を決め
て請求すれば、その金額を受け取れるというわけではありません。

まずは双方で話し合うことになります。ここで夫が「妻が請求
した金額を受け入れる」と言えば、慰謝料は妻が請求した金額に
決定します。この場合、約束した内容について公正証書を作成し
ておくと、後になって夫が「そんな約束はしていない」と言い出し
たり、分割での支払いが滞ったりする事態に対処しやすくなります。

一方、夫が妻の請求した金額に納得しない場合は、裁判所に
対する調停の申立てや訴訟の提起を検討します。離婚前の場合
は、離婚に関する調停を申し立てることで、慰謝料についても調
停手続きで話し合うことができます。裁判所は、離婚の原因が夫
にあっても、一方的に妻の言い分を認めるような判断はしません。
慰謝料の金額も、婚姻期間、夫の経済状況、離婚の原因となった
行為に対する責任の重さなどを考慮し、相場を逸脱しない程度の
金額を提示します。裁判所においては、不貞行為が原因で離婚す
る場合の慰謝料は、概ね100 〜 300万円とされているようです。

Q 夫の浮気が原因で離婚しました。一番の被害者は子ども
です。子どもが夫の浮気相手に慰謝料を請求することはで
きますか。

A 　妻が、妻自身の慰謝料請求だけでなく、離婚により子から
父親が奪われたことについて、子の代理人として、子の慰謝料請
求を行うことは可能でしょうか。結論から言うと、浮気相手に対
する妻の慰謝料請求は認められますが、原則として子からの慰謝
料請求は認められません。

　妻については、不貞行為（不倫・浮気）によって夫婦関係が破
たんし、離婚という直接の影響を受けたことになりますから、慰
謝料を請求することができます。

　一方、子も浮気相手がいなければ、平穏な生活を送ることがで
きたはずであり、両親の離婚で大きな精神的苦痛を受けたと考え
られます。しかし、浮気相手がいても父親と子の縁が断たれるわ
けではなく、父親の心がけしだいで子は父親の愛情を受けること
ができるはずです。したがって、不貞行為に対する責任を負うべ
きは父親であり、特段の事情がない限り、子は浮気相手に慰謝料
を請求できないとするのが裁判所の基本姿勢となっています。

　ただし、父親が子に会ったり、経済的な援助をしたりしようと
しているにもかかわらず、浮気相手が「前の家族とは関わらない
で！」などと言って、積極的に子に対する父親としての責任を果
たせないようにさせた場合は、浮気相手に対する子の慰謝料請求
が認められる可能性があります。

Q 離婚時の財産分与で財産を受け取ると課税されるのは本当でしょうか。慰謝料を受け取った場合も贈与税がかかるのでしょうか。

A 　財産分与においては、財産を受け取る側が税金を支払うものだと勘違いしている人がいます。贈与・相続の場合は、財産を受け取る側に贈与税・相続税が課されるため、財産分与においても、これを受け取る側に贈与税が課されると誤解してしまうのだと思います。しかし、財産分与においては、財産を受け取る側は贈与税が課されないのが原則です。

　一方、財産を渡す側については、おもに不動産を譲渡したときに、譲渡所得の課税（所得税の賦課）が行われる場合があります。たとえば、家族で暮らしていた自宅（マイホーム）を妻に分与し、夫は自宅を出ていくというケースでは、自宅を分与した夫に譲渡所得の課税が行われる場合があります。譲渡所得の課税の計算にあたっては、夫が自宅を妻に分与したときの時価が譲渡所得の収入金額となります。その上で、「収入金額－（取得費＋譲渡費用）」で計算した金額（譲渡益もしくは譲渡損）に対して譲渡所得の課税が行われます。

　もっとも、マイホーム（居住用不動産）の分与の場合は、譲渡益が3000万円以下であれば、譲渡所得の課税が行われないという特例があります。しかし、この特例は、親子や夫婦といった間柄では適用されないことから、この特例の適用を受けたい場合は、離婚によって夫婦関係を解消した後に財産分与を行うことが必要です。また、譲渡益が3000万円を超える場合でも、所有期間10年以上のマイホームであれば、譲渡益から3000万円を控除した上で、軽減税率の特例を受けることができます。軽減税率の特例も親子

や夫婦といった間柄では適用されないことに注意を要します。

　以上に対し、慰謝料は、相手方から損害賠償として支払われるもので、贈与を受けたものではないため、原則として贈与税はかかりません。ただし、財産分与・慰謝料共に、以下にあてはまる場合は、贈与税が課されることに注意してください。

① 　もらった財産の額が婚姻中の夫婦の協力によって得た財産の額やその他すべての事情を考慮してもなお多過ぎる場合は、その多すぎる部分について贈与税がかかります。

② 　離婚が贈与税・相続税を免れるために行われたと認められる場合は、離婚によってもらった財産すべてに贈与税がかかります。

Q 結婚して21年目です。夫との間に16歳と12歳の２人の娘がいます。夫は直近10年間何度も浮気をしており、私も疲れました。娘２人を私が育てる条件で夫と離婚したいのですが、慰謝料はどの程度請求できるのでしょうか。

A 　夫の浮気によって家族生活が破たんし、妻が精神的に大きな苦痛を被ったような事実がある場合は、妻が夫に対して慰謝料を請求することができます。

　離婚の際に請求できる慰謝料の具体的な金額や算定は、法律上、特に定めがあるわけではありません。そのため、裁判実務においては、結婚することになった経緯における相手方の責任の程度、相手方の収入（生活水準）などを総合的に考慮して、具体的な慰謝料の額を決めています。養育中の子供がいることも、慰謝料算定にあたっては、重視されます。裁判所が一番重視するのは、実は、この点です。そして、本ケースの妻のように、未成年の子を引き取った夫婦の一方は、他方（本ケースの場合は夫）に対して、

慰謝料の支払いとは別に、子に代わって子の養育費（教育費）の支払いを請求することができます。

　また、不貞行為を理由とする慰謝料請求権は、不貞行為の事実や精神的苦痛を知った時から３年を経過すると、時効により消滅するのが原則です。しかし、配偶者に対して有する権利は、離婚時から６か月を経過するまでは、時効により消滅しないという特則が存在します（民法159条）。この点から、妻は、離婚時から６か月以内に訴訟を提起すれば、直近10年間にわたる浮気に対する慰謝料を請求することができます（78ページ）。

Q 長年内縁関係にあった夫が別の女性と同棲するようになりました。内縁関係を解消した場合、財産分与や慰謝料の請求はできるのでしょうか。

A 生活を共にしていても、婚姻（結婚）の意思がない場合は「同棲」です。これに対し、夫婦同然に共同生活をしており、婚姻の意思があるものの、婚姻届を出していない場合は「内縁」です。たとえば、法律婚（誰かと婚姻するとの婚姻届を出していること）の状態だが、別の誰かと婚姻するつもりで夫婦同然に共同生活をしているケースも「内縁」にあたります。これを重婚的内縁関係といいます。

　内縁関係の場合は、相続権が発生しないなど、婚姻としての法律上の保護を受けることはできないこともあります。しかし、内縁関係を解消するときには、財産分与や慰謝料を請求することが可能とされています。法律婚の場合とまったく同じではありませんが、内縁関係でも法律婚に準じた扱いがなされ、婚姻に関する民法の規定が適用される場合があります。たとえば、内縁関係だ

からといって、家庭に稼いだ収入を入れないことは、協力・扶助義務への違反となります。貞操義務もあるわけですから、不貞行為をすれば、法律婚の場合と同様、慰謝料の請求を受けます。しかし、「婚姻の意思」「夫婦同然の共同生活」は、明確な線引きが難しいところです。そのため、内縁関係であると主張しても、同棲や単なる共同生活だと判断されてしまうケースもあり得ます。

●調停では財産分与や慰謝料の額を決めてもらえる

たとえば、離婚調停（内縁関係調整）では、調停手続きで合意に至って調停が成立すれば、裁判所（調停委員）が調停調書を作成します。基本的には、裁判所が財産分与や慰謝料について一方的に決めることはありませんが、双方で合意すれば、調停手続きで慰謝料や財産分与を決めてもらうこともできます。

もし合意に至らず調停が不成立となった場合、離婚調停の場合は、そこでいったん終了し、あらためて家庭裁判所に離婚訴訟を提起し、その中で慰謝料と財産分与を求めることになります。

●財産分与・慰謝料の変更は認められるのか

離婚（内縁関係解消）後に、離婚時から状況が変わったからといって、財産分与や慰謝料について変更を認めてもらうのは難しいでしょう。ただし、相手方が不貞行為（不倫・浮気）をしていた事実を隠していたり、無理やり念書を書かされた場合には、一定期間内であれば、慰謝料請求や財産分与のやり直しが認められる可能性があります。

4 財産分与・慰謝料の具体的な支払方法はどうなっているのか

支払いの時期・金額などを定めて公正証書にした方がよい

◉ 可能な限り分割払いは避ける

　財産分与や慰謝料などの支払いは、分割払いにせず、できるだけ一括で行わせるのが無難です。やむなく分割払いにするとしても、最初に支払う金額（頭金）を多くするなどの工夫を心がけるようにしましょう。

　分割払いに決まった場合は、支払いの時期、金額、方法などについて取り決めた内容を、必ず強制執行受諾文言が入った公正証書（204ページ）として書面で残すようにしましょう。

　このようにしておけば、相手方が取り決めを守らないようなトラブルが生じても、公正証書に記載された強制執行受諾文言に基づいて、相手方の財産を差し押さえるなどの強制執行が可能です。そのためには、公正証書に「分割金を1回でも支払わなかった場合は、残金を一括して支払う」といった一文を記載しておくべきでしょう。

　このように、金銭の支払いに関する重要な事項については、公正証書を作成するのが鉄則です。口約束だけで公正証書を作成しなかったことが原因で、泣き寝入りする事態にならないように注意してください。もし公正証書にしなかった場合で、後から財産分与や慰謝料をめぐるトラブルが発生した場合は、相手方に内容証明郵便（211ページ）を送付する方法もあります。

　その他、財産分与により不動産を譲り受ける場合は、自らへの所有権移転登記を確実に済ませなければなりません。

催告書

　令和○年１０月１日、私とあなたは協議離婚をしました。その過程で離婚の条件として申し伝えたとおり、私はもともと離婚の意思はないものの、あなたの強い意思により、財産分与及び慰謝料の支払いを条件として離婚に応じたものです。

　にもかかわらず、本日現在、いまだ財産分与分１０００万円、慰謝料分５００万円、合計１５００万円が支払われておりませんので、本書到着から２週間以内に全額支払うように催告いたします。

　令和○年１１月１日

　　　　東京都○区○町○丁目○番○号
　　　　　　　　　　　　甲野　　太郎　　印

　　東京都○区○町○丁目○番○号
　　甲野　　花子　　様

Q 離婚の際、夫から婚姻中に購入した夫名義の自宅を譲り受けましたが、先日「夫婦間の贈与だから取り消す」と言われました。自宅は返還しなければなりませんか。

A 民法では離婚時の財産分与請求権を認めています。通常は夫婦で婚姻（結婚）期間中に協力して築き上げた財産を分割します。ただ、「夫が愛人を作り、長い間その愛人宅で暮らしていて帰って来ない」など、夫婦の一方に離婚の直接的な原因がある場合には、他方に慰謝料請求権が認められるので、財産分与に慰謝料を上乗せする形をとることがあります。

たとえば、本ケースのように夫に離婚の直接的な原因がある場合、妻が不動産など大きな財産を譲り受けるとすることで、離婚協議に合意するわけです。本ケースでも、妻が夫から自宅を譲り受けたのは離婚と不可分のものであり、離婚の際の財産分与に該当すると考えられます。つまり、取消しが可能な夫婦間の通常の贈与とは性質が異なります。したがって、譲り受けた自宅を前夫に返還する必要はありません。

ところで、前夫が主張するように、民法では夫婦間における贈与などの契約の取消権を認めていますが、夫婦間の契約取消権は「婚姻中」に限定されます（民法754条）。また、婚姻中であっても、夫婦関係が実質的に破たんしている場合には、夫婦間の契約取消権を行使できないとするのが最高裁判所の考え方です。たとえば、夫が愛人宅で暮らしている場合には、夫婦関係が実質的に破たんしていると考えられます。この場合は、離婚前であっても、夫婦間の契約取消権を行使できないため、妻は夫から譲り受けた自宅を返還する必要はありません。

Q 財産分与・慰謝料の分割払いを求められています。一般的にはどのように支払いが行われているのでしょうか。

A 　財産分与や慰謝料などの支払いは、できるだけ一括で行わせるべきでしょう。離婚して別々に生活し始めれば、支払いを義務付けられたことであっても、その義務を履行しようとしなくなるケースがあるからです。したがって、財産分与や慰謝料などは、一括払いで行わせることが多いといえるでしょう。しかし、一括で支払うことができるだけの資力がない場合には、分割払いを認めざるを得ないといえるでしょう。

　分割払いに決まったときには、支払時期、金額、方法などを、必ず強制執行受諾文言（強制執行認諾文言）が入った公正証書として書面で残すことが重要です。このようにすれば、相手方が取り決めを守らないというトラブルが生じても、公正証書に基づいて相手方の財産を差し押さえるなどの強制執行が可能です。財産分与や慰謝料といった金銭の支払いについて、強制執行受諾文言の入った公正証書を持っていると、金銭の支払いの不履行があれば、裁判所の判決を経由することなく強制執行の申立てができるのが最大の利点です。

Column

離婚後の再婚には制約がある

　よい相手にめぐり合い、再婚することによって生活が改善されることもあります。そもそも男性の場合、再婚については時期的な制約はありません。しかし、女性の場合の再婚には法律上時期的な制約がありますので注意が必要です。というのも、離婚直後に再婚して妊娠した場合に、前夫の子どもなのか新しい夫の子どもなのかがわからなくなってしまうという不都合があるからです。

　具体的には、女性は前婚の解消、あるいは、前婚の取消しの日から100日を経過しなければ再婚をすることが認められません。

　「100日」としているのは、民法772条2項に「婚姻成立日から200日後または婚姻解消日より300日以内に生まれた子どもは婚姻中に妊娠したものと推定する」という内容の規定（嫡出推定）があるためです。つまり、婚姻解消の日から100日間再婚を禁止すれば、民法772条2項が規定する離婚後300日以内という規定と重複しない（前夫と現夫の嫡出推定は重ならない）わけです。

　ただ、女性が前婚解消または前婚取消しの以前に懐胎していた子を出産する場合や、夫の生死が3年以上不明のために裁判離婚した場合、前婚解消後、女性が母体保護法に基づく優生手術（不妊手術）を受けて、医師の証明書を提出した場合などのように、父が誰かわからなくなる心配がない場合には、上記期間の経過を待たずに再婚が許されます。

　また、どんな人とでも再婚できるというわけではなく、再婚できない相手もいます。一定範囲の近親婚が禁止されていることは初婚の際と同じですし、前配偶者との婚姻中に直系姻族であった人（たとえば前夫の父親）とも再婚できないことになっています。

　なお、傍系姻族間（たとえば前配偶者の兄弟姉妹）での婚姻は禁止されていません。

第3章

離婚による年金分割の
しくみと手続き

厚生年金には扶養配偶者に対する加給年金がある

◉ 年金にはどんな種類があるのか

　年金制度は誰が管理・運営するかによって、①公的年金、②企業年金、③個人年金の３つに分けることができます。この３つの年金のうち、公的年金は、老齢、障害、死亡といった事由に対して給付を行っています。

　国が管理・運営する年金のことを公的年金といいます。以前まで公的年金には、①国民年金、②厚生年金保険、③共済年金の３つの制度がありました。しかし、現在では、「被用者年金一元化法」により③の共済年金は、②の厚生年金保険に一元化されています。20歳以上のすべての国民は何らかの年金に加入しています。厚生年金保険は会社員が加入する年金保険です。国民年金は20歳以上の国民全員が加入しています。厚生年金保険の加入者も、厚生年金保険への加入と同時に、国民年金に加入しています。

　公的年金は、保険料で現在の年金給付をまかなう「世代間扶養」というしくみになっています。公的年金では物価が変動しても年金の実質価値を維持するための「物価スライド」や、給付水準を自動的に調整する「マクロ経済スライド」という制度を導入しています。さらに、５年ごとに年金財政の検証が行われています。

◉ 年金制度のしくみ

　厚生年金保険は当初は労働者年金保険以外にも多くの年金制度がそれぞれに成立し、バラバラに運用されていました。それらすべての制度が昭和61年の年金の大改正により統合されて、「国民年

金」が全国民共通の年金（基礎年金）として位置づけられました。

　年金制度が統合された結果、公的年金制度は 3 階建ての制度になりました（下図）。国民年金がすべての基礎となる 1 階部分、厚生年金保険が 2 階部分です。さらに、厚生年金基金などの企業年金や確定拠出年金が 3 階部分です。国民年金（1 階）に入らずに厚生年金保険（2 階）や厚生年金基金（3 階）だけに加入するといったことはできません。

　年金制度に加入する被保険者については、3 種類に区分けできます。国民年金だけに加入している人を第 1 号被保険者、厚生年金の加入者を第 2 号被保険者、第 2 号被保険者に扶養されている配偶者を第 3 号被保険者といいます。第 3 号被保険者は保険料の負担なしに最低限の年金保障を受けることができ、おもに会社員・公務員世帯の専業主婦（または主夫）が対象となります。

■ 3 階建ての年金の構造 ・・・

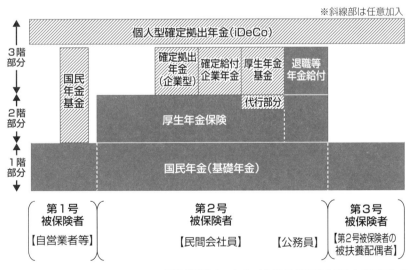

※厚生労働省ホームページ「年金制度の仕組み」を基に作成

◉ 老齢基礎年金のしくみ

老齢基礎年金は国民年金から支給される年金で、老齢給付の土台となる年金です。10年以上の加入期間（経過措置あり）で受給資格を得たすべての者に支払われます。

① 受給額

老齢基礎年金の年金額は、「何か月保険料を払ったか」で決まります。20歳から60歳までの40年間のすべての月の保険料を払った場合が満額で、1年につき781,700円（令和2年度価格）がもらえます。なお、実際の支給額は次ページの計算式によって求めます。

② 支給時期

老齢基礎年金は、本来65歳から支給されるものです。しかし、希望することで支給時期を60歳〜64歳までの間で早めにしたり、66歳〜70歳（令和4年4月1日からは66歳〜75歳）の間で遅くしたりすることができます。受給開始を早めると減額されて支給されます。逆に、遅くすると増額されて支給されます。減額や増額は終身続きます。支給時期を早くすることを繰上げ支給、反対に遅くすることを繰下げ支給といいます。いったん繰上げ受給を選ぶと、同じ減額率の年金が一生涯ずっと続きます。後で取り消すことはできません。その他にも、寡婦年金（国民年金からの給付のひとつで夫が死亡した場合の妻に支給される年金のこと）がもらえないといったデメリットがありますので、慎重に検討する必要があります。

◉ 老齢厚生年金のしくみ

会社員は多くの場合、厚生年金に加入することになるので、老後は老齢基礎年金に加えて老齢厚生年金を受給することができます。

① 65歳を境に2つに分かれる

老齢厚生年金は、60歳から受給できる60歳台前半の老齢厚生年

金と65歳から受給する本来の老齢厚生年金の2つに分けて考える必要があります。老齢基礎年金の受給資格期間を満たした人で、厚生年金の加入期間が1か月以上ある人は1階部分の老齢基礎年金とあわせて、本来の老齢厚生年金をもらうことができます。ただし、60歳台前半の老齢厚生年金を受給するためには厚生年金の加入期間が1年以上あることが必要です。

② 支給額

　65歳からもらえる本来の老齢厚生年金の支給額は老齢基礎年金と異なり、納めた保険料の額で決まります。つまり、現役時代に給料が高かった人ほどたくさん老齢厚生年金をもらえるしくみになっています。一方、60歳台前半でもらう老齢厚生年金については、65歳からの老齢基礎年金に相当する部分（定額部分）については、納付月数に応じて、65歳からの老齢厚生年金に相当する部分（報酬比例部分）については、現役時代の報酬を基に支給額が決められることになります。

③ 支給時期

　60歳台前半の老齢厚生年金の支給時期は段階的に遅くなってお

■ 老齢基礎年金の計算方法 ……………………………………………

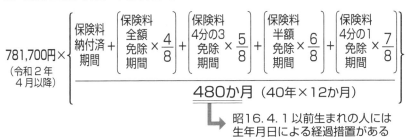

$$781{,}700円 \times \cfrac{\left[\begin{array}{l} 保険料 \\ 納付済 \\ 期間 \end{array} \right] + \left[\begin{array}{l} 保険料 \\ 全額 \\ 免除 \\ 期間 \end{array} \times \frac{4}{8} \right] + \left[\begin{array}{l} 保険料 \\ 4分の3 \\ 免除 \\ 期間 \end{array} \times \frac{5}{8} \right] + \left[\begin{array}{l} 保険料 \\ 半額 \\ 免除 \\ 期間 \end{array} \times \frac{6}{8} \right] + \left[\begin{array}{l} 保険料 \\ 4分の1 \\ 免除 \\ 期間 \end{array} \times \frac{7}{8} \right]}{480か月 （40年 \times 12か月）}$$

（令和2年
4月以降）

↳ 昭16.4.1以前生まれの人には
生年月日による経過措置がある

※1）学生特例納付は免除期間に含まれない
※2）国庫負担割合の引上げにより、平成21年3月以前に免除を受けた期間については、
　　計算式に使用する数字を、全額免除期間：$\frac{2}{6}$、4分の3免除期間：$\frac{3}{6}$、
　　半額免除期間：$\frac{4}{6}$、4分の1免除期間：$\frac{5}{6}$、に変えて計算する

り、男性の場合、昭和36年4月2日以降生まれ、女性の場合、昭和41年4月2日以降生まれの人は60歳台前半の老齢厚生年金を受け取ることができなくなります。これらの人は65歳からの老齢厚生年金を繰り上げて受給することや繰り下げて受給することが可能です。ただし、老齢基礎年金と同様に、年金額の減額や増額が行われます。

◉ 加入期間は原則10年以上必要

　老後に年金を受給するためには、原則として、保険料を納付した期間と免除された期間の合計が10年以上であることが必要です。しかし、年金制度の変遷によって、損をする人がでないようにするため、年金額には反映されませんが受給資格期間としてみなすことができる期間があります。この期間を「合算対象期間」といいます。保険料納付済期間と保険料免除期間の合計が10年に満たない場合でも、保険料納付済期間、保険料免除期間および合算対象期間を合算した期間が10年以上である場合には、年金を受給することができます。保険料納付済期間には、国民年金、厚生年金保険、共済組合の公的年金で保険料を納めた期間がすべて含まれます。会社員の妻（配偶者）は自分では納めていませんが、納めたものとして扱われます。

◉ 加給年金とは

　加給年金とは、厚生年金保険の被保険者期間が20年以上ある受給者に配偶者（内縁関係にある者も含む）や18歳未満の子などがいるときに支給されるものです。支給額も大きいため、国民年金にはない厚生年金保険独自のメリットです。ここでいう18歳未満の子などとは、18歳になった後最初の3月31日までにある者、または20歳未満で障害等級1級・2級に該当する者で、いずれの場

合も結婚していない者のことです。

　ただ、加給年金は、配偶者が65歳になって配偶者自身の老齢基礎年金がもらえるようになると支給が打ち切られます。その後、加給年金相当額は配偶者自身の老齢基礎年金に振替加算という年金給付に形が変わり、加算されて支給されることになります。また、子がいる場合の加算分はその子が18歳以上（一定の障害者は20歳以上）になったときに打ち切られます。子の加算分は、その子が結婚したときには年齢や障害状態に関係なく支給が打ち切られます。

◉ 振替加算とは

　振替加算は、加給年金の対象となっていた妻自身が老齢基礎年金をもらいはじめるときに上乗せ支給される金額です。ただ、振替加算の受給者について厚生年金などの加入期間が20年以上あるともらえません。受給額は妻の生年月日によって決まりますが、若い人ほど少なく、昭和41年4月2日以降に生まれた者は0（ゼロ）になります。これは昭和61年4月の年金大改正ですべての国民が強制加入となったため、昭和61年以降に20歳を迎える者は自分の老齢基礎年金がもらえるはずだからです。

■ 加給年金と振替加算

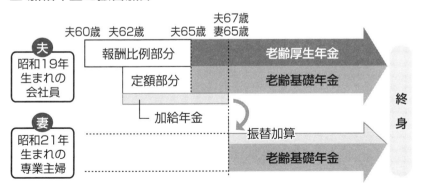

Q 厚生年金の支給時期はどのように判断するのでしょうか。

A 　離婚を考える際に、年金をいつから受給できるか知っておくことは、生活設計のために重要なポイントです。もともと厚生年金保険は60歳（女性は55歳）から支給されていましたが、昭和61年の改正で、すべての年金の支給開始年齢を国民年金の支給開始年齢である65歳に合わせることにしました。ただ、いきなり65歳にしてしまうのではなく、生年月日によって若くなるほど段階的に年金の支給開始を遅くしていき、最終的には令和8年（女性は令和13年）に厚生年金保険、国民年金共に65歳からの支給となる予定です。なお、女性は男性より5年遅れのスケジュールとなっています。これは、以前女性の年金が男性より5年早い55歳から支給され始めていたことに配慮したものです。

　男性の場合、昭和36年4月2日以降生まれ、女性の場合、昭和41年4月2日以降生まれの人は60歳台前半の老齢厚生年金を受け取ることができなくなります。そのため、これらの人は65歳からの老齢厚生年金を繰り上げて受給することが可能です。

　また、繰り下げ支給の制度を利用して支給時期を遅らせることもできます。

Q 夫の退職金や年金は財産分与の対象となるのでしょうか。

A 　退職金や年金をすでに受け取っている場合は、明らかに財産分与の対象となりますが、将来的に受け取る退職金や年金の場合はなかなか難しい問題もあります。

① 　退職金

■ 年金の支給開始時期 ....

定額部分の支給開始時期引き上げスタート

男性	女性	60歳		65歳	
昭和16.4.1以前生まれ	昭和21.4.1以前生まれ	報酬比例部分		老齢厚生年金	
		定額部分		老齢基礎年金	

		61歳		65歳	
昭和16.4.2～昭和18.4.1生まれ	昭和21.4.2～昭和23.4.1生まれ	報酬比例部分		老齢厚生年金	
			定額部分	老齢基礎年金	

		62歳		65歳	
昭和18.4.2～昭和20.4.1生まれ	昭和23.4.2～昭和25.4.1生まれ	報酬比例部分		老齢厚生年金	
			定額部分	老齢基礎年金	

		63歳		65歳	
昭和20.4.2～昭和22.4.1生まれ	昭和25.4.2～昭和27.4.1生まれ	報酬比例部分		老齢厚生年金	
			定額部分	老齢基礎年金	

		64歳	65歳		
昭和22.4.2～昭和24.4.1生まれ	昭和27.4.2～昭和29.4.1生まれ	報酬比例部分		老齢厚生年金	
			定額部分	老齢基礎年金	

			65歳		
昭和24.4.2～昭和28.4.1生まれ	昭和29.4.2～昭和33.4.1生まれ	報酬比例部分		老齢厚生年金	
				老齢基礎年金	

報酬比例部分の支給開始時期引き上げスタート

		61歳		65歳	
昭和28.4.2～昭和30.4.1生まれ	昭和33.4.2～昭和35.4.1生まれ	報酬比例部分		老齢厚生年金	
				老齢基礎年金	

		62歳		65歳	
昭和30.4.2～昭和32.4.1生まれ	昭和35.4.2～昭和37.4.1生まれ	報酬比例部分		老齢厚生年金	
				老齢基礎年金	

		63歳		65歳	
昭和32.4.2～昭和34.4.1生まれ	昭和37.4.2～昭和39.4.1生まれ	報酬比例部分		老齢厚生年金	
				老齢基礎年金	

		64歳	65歳		
昭和34.4.2～昭和36.4.1生まれ	昭和39.4.2～昭和41.4.1生まれ	報酬比例部分		老齢厚生年金	
				老齢基礎年金	

			65歳		
昭和36.4.2以降生まれ	昭和41.4.2以降生まれ			老齢厚生年金	
				老齢基礎年金	

通常支払われる退職金については就業規則や退職金規程で定められ、退職手当や退職慰労金名目で支払われるものとなっています。支払時期については通常は就業規則や退職金規程で支払期間が定められています。定められていない場合には退職者の請求後7日間以内に支払わなければなりません。支払方法については、一括払いではなく年金形式での支払いでもかまいません。退職金の額についても通常は就業規則や退職金規程によって定められていて、具体的な金額は退職者の所属していた部署や地位、あるいは勤続年数などによって変わってきます。

　結婚期間に応じて退職金も財産分与の対象となります。方法としては、別居時に、自己都合で退職した時に受領できるであろう退職金総額を基準として、勤務期間中のうち、同居期間の退職金を月割り計算します。たとえば、勤務期間が10年、同居期間が5年の場合、別居時に辞表を出したらもらえるであろう退職金の2分の1が財産分与対象財産となり、これを直ちに支払うことになります。将来退職金を受領したときに支払えばよいというものではありません。

② **年金**

　年金とは、毎年定期に、継続して給付される金銭です。年金にはさまざまな種類がありますが、離婚の際に問題となるのは老齢年金の財産分与です。年金についても、財産分与の対象となります。方法としては、2通りの方法があります。1つは、扶養的な方法であって、将来夫が受給する年金のうち、妻の年金との差額の何割かを妻の死亡まで支給するというものです。もう1つは、現時点の金額に引き直して、清算的に離婚時に支払うという方法です。

　なお、夫が会社員の場合、厚生年金の一部を専業主婦の妻が年金受給時に受け取れる制度が設けられています。この制度により、妻は厚生年金分を受け取れる権利を最大で2分の1にできます。

Q 離婚したら加給年金・振替加算はどうなるのでしょうか。

A 　離婚した後に問題になるのは、年金受給者となったときの女性の受給額の低さです。妻が第2号被保険者である場合は、自分の権利として老齢基礎年金、老齢厚生年金を受け取ることができますから、離婚してもある程度の生活水準を保つことができます。一方、第1号被保険者と第3号被保険者の場合は老齢基礎年金しか受け取れません。夫が第2号被保険者で老齢厚生年金を受け取る資格があっても、老齢厚生年金はあくまで夫名義の年金ですから妻は受け取れないのです。

　夫の厚生年金から妻が年金を受け取ることができる手段としては、振替加算があります。

　生計維持者であり20年以上厚生年金に加入している夫に扶養する妻がいる場合、老齢厚生年金には加給年金がつきます。その後妻が65歳になると、加給年金は妻の老齢基礎年金に加算されるような形で支払われるようになります。これを振替加算と呼んでいます。

　一度加給年金が振替加算となって妻名義になると、その後夫婦が離婚したとしてもその加算分は生涯妻が受け取ることができます。振替加算となる前に離婚してしまうと、加給年金の支給は停止され、妻はその分を受け取ることができません。よく「離婚は65歳を過ぎるまで待った方が得」などと言われるのはこのためです。

　ただ、実際のところ、65歳を過ぎてから離婚し、振替加算分を受け取ることができるようになったとしても、年金の受給総額は老後の女性一人の生活すべてをまかなえるような額にはなりません。そのため、離婚にあたっては年金分割（次ページ）の制度を利用するのがよいでしょう。

2 厚生年金の離婚分割について知っておこう

合意分割と３号分割の２種類がある

◉ 年金分割とは

　「離婚時の年金分割」とは、離婚すると女性の年金が少額になるケースが多いため、夫の分の年金を離婚後は妻に分割できるようにするというものです。離婚分割制度には平成19年４月１日から施行されている合意分割制度と平成20年４月１日から実施されている３号分割制度があります。

① 合意分割

　結婚していた期間に夫（妻）が納めていた厚生年金保険に該当する部分の年金の半分につき、将来、妻（夫）名義の年金として受け取ることができる制度です。分割の対象となるのはあくまでも老齢厚生（退職共済）年金に限られ、老齢基礎年金は分割の対象とはなりません。報酬比例部分の２分の１（50％）を限度（共働きの場合は双方の報酬比例部分を合算して50％が限度）として、夫（妻）の合意があった場合に、妻（夫）独自の年金として支給を受けることができるようになります。

② ３号分割

　妻（夫）が第３号被保険者のときは、離婚の際、婚姻期間にかかる夫（妻）の厚生年金記録を夫の合意なしに分割してもらうことができる制度です。夫（妻）の合意が不要なのは平成20年４月以降の婚姻期間についてだけなので、それ以前の分について合意分割を利用することになります。

● 年金分割の具体例

合意分割と年金分割の具体例は以下のとおりです。

① 合意分割

簡単なケースを基にして考えてみましょう。夫の年金額が、老齢厚生年金約260万円（うち定額部分約80万円、うち加給年金約40万円）、妻の年金額が老齢基礎年金約50万円（65歳からの支給）、老齢厚生年金０円（脱退手当金受給のため）とします。このケースでは、妻の受け取る年金額は、老齢基礎年金の約50万円（月額にして４万2000円弱）だけということになります。

一方、合意分割が成立すると、夫の年金額260万円のうち、定額部分約80万円と加給年金額約40万円の計約120万円を分割の対象から除きます。残った約140万円につき分割の基礎となる老齢厚生年金の額となります。この140万円のうち、婚姻期間にかかる部分は140万円×（30年÷40年）＝105万円です。

夫が年金の分割に応じた場合、この105万円のうちの50％にあたる52万5000円を限度として、妻に分割されることになります。月額にして４万3750円です。老齢基礎年金と合わせて月額８万5000円ほどの年金が妻に65歳以降に支給されことになります。

なお、実際の計算では、厚生年金記録（標準報酬月額・標準賞与額）から、配偶者に分割をした標準報酬月額・標準賞与額に基づき、年金額が計算されます。

② ３号分割

妻が年金分割を請求した場合、たとえば、夫の標準報酬月額が38万円だったとすると、平成20年４月以降の年金記録が、夫19万円、妻19万円という記録に書き換えられるわけです。分割された厚生年金記録は、老後は妻の年金として計算されることになります。

離婚分割の手続きはどうなっているのか

合意分割は特別な文書で行わなければならない

● 按分割合の決定が必要

　合意分割を行う場合、まず、当事者間の合意が必要になりますが、この合意は、単なる契約書や覚書では足りず、公正証書（公証人という特殊の資格者が当事者の申立てに基づいて作成する公文書）または公証人の認証を受けた私署証書（私人が作成者として署名した文書のこと）でなければなりません。

　当事者間において、按分割合（離婚分割後に分割を受ける側がもつ持分のこと）についての合意が成立しない場合、家庭裁判所に審判または調停申立てを行い、按分割合を決め、その審判書や調書の謄本または抄本が按分割合を証する書類となります。

　年金分割の請求は「標準報酬改定請求書」に必要な添付書類を添えて行います。提出先は最寄り（管轄）の年金事務所です。ただし、改定請求をする対象が共済年金のみの場合は、それぞれの共済組合の窓口が提出先になることがあります。この場合の添付書類としては、前述の①按分割合が記載された書類の他、②請求者に個人番号を記入した場合はマイナンバーカード等、基礎年金番号を記入した場合は年金手帳（または国民年金手帳）または基礎年金番号通知書、③戸籍謄本（抄本でもよい）などです。

● 事実婚の場合の扱い

　事実上、夫婦の関係にあるものの、入籍していないケース（事実婚関係）でも離婚分割は認められます。事実婚とは、①単に婚姻届の提出がなされていない夫婦、あるいは②内縁関係はあるが、

戸籍上、法律婚の配偶者の記載があり、婚姻届の提出できない夫婦のことです。

　この場合、第3号被保険者届が提出されている期間について、分割の対象になります。法律婚と事実婚が重複すると認められる場合、事実婚の第3号被保険者期間の分割を優先させます。

　ただ、事実婚の場合の厚生年金の分割については、第3号被保険者期間が終了していることに加えて、事実婚が解消していることが必要です。そのため、事実婚の開始・解消を証明できる書類が必要になる場合もあります。

◉ 3号分割を請求する場合

　3号分割の請求が可能なのは、平成20年5月以降に離婚や事実婚の解消をした場合です。

　3号分割を請求する場合、離婚や事実婚の解消をした後に、標準報酬改定請求書に添付書類を添えて管轄の年金事務所に請求をすることになります。添付書類は、請求者本人の国民年金手帳や戸籍の個人事項証明書、住民票などです。

　合意分割と3号分割を同時に請求したい場合、合意分割改定請求用の標準報酬改定請求書のみの提出で請求可能です。

　詳しくは最寄りの年金事務所に問い合わせてみるとよいでしょう。

◉ 情報提供を求めることができる

　離婚に際し、あらかじめ年金分割のための按分割合を決めるために必要な情報を把握しておきたい当事者は、日本年金機構（かつての社会保険庁）に対して必要な情報の提供を請求することができます。実際には管轄の年金事務所が問い合わせ先になります。

　情報提供は、当事者双方または一方から請求することができます。2人で請求した場合は、双方にそれぞれ別に通知されます。

また、妻が夫に内緒で情報の提供を求めた場合、婚姻関係への影響を配慮し、請求していない夫には通知をしません。

ただ、婚姻関係が解消していると認められる当事者の一方が単独で請求する場合、提供する情報は、請求した本人だけでなく、他方の離婚当事者に対しても通知されます。提供される情報は、分割の対象となる期間、分割対象期間にかかる離婚当事者、それぞれの保険料納付記録、按分割合の範囲、分割の影響額がわかる情報などです。また、情報提供の請求をする際に、分割後の年金見込額を希望する場合には、分割後の年金見込額が通知されます。

■ 年金分割を利用する場合の手順

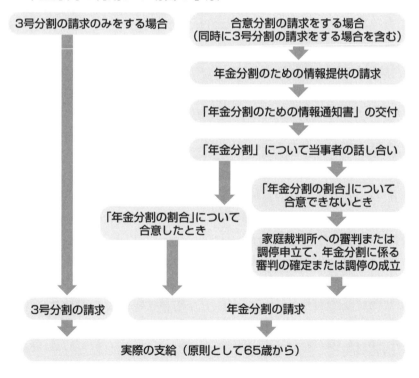

3号分割の請求のみをする場合

合意分割の請求をする場合
（同時に3号分割の請求をする場合を含む）

年金分割のための情報提供の請求

「年金分割のための情報通知書」の交付

「年金分割」について当事者の話し合い

「年金分割の割合」について
合意できないとき

「年金分割の割合」について
合意したとき

家庭裁判所への審判または
調停申立て、年金分割に係る
審判の確定または調停の成立

3号分割の請求

年金分割の請求

実際の支給（原則として65歳から）

第4章

養育費・親権など
離婚と子どもの法律問題

1 子どもの養育費について知っておこう

子ども1人につき5万円程度である

◉ 養育費は子どもが親に対して請求するもの

　養育費とは、子の養育（監護や教育）のために必要な費用のことです。離婚に際しては、親権者として子を引き取る夫婦の一方が、他方に対して養育費を請求するのが一般的です。養育費に関しては、親権者が子を監護する義務を定めた民法の規定の他、離婚時に「子の監護に要する費用」について協議し、協議がまとまらない時は家庭裁判所が定めるとする民法の規定などが根拠となります。しかし、養育費の金額や支払方法などについて、具体的な基準が定められているわけではありません。

　養育費は、あくまで子を扶養するためのものです。厳密にいえば、親権者が子の代わりに養育費の支払請求を行うということです。親権者自身のために相手方から支払ってもらえる金銭ではありません。また、離婚時に親権者とならなかったことを理由に、子の養育費の支払いを拒否したり、養育費の額を極端に少なくしたりすることは認められません。

◉ 養育費は養育費・婚姻費用算定表の基準が相場である

　養育費は、当事者双方の協議によりますが、家庭裁判所が定めた「養育費・婚姻費用算定表」に、支払う側（義務者）と受け取る側（権利者）の双方の収入を当てはめて決まることが多いです。

◉ 頻繁に起こる養育費の不払い

　養育費の支払いは、毎月払いであることや、支払期間が長期に

わたることが多いため、支払いが滞るようになった、支払いをしてもらえなくなった、といったトラブルが目立ちます。

　養育費は債権（特定の人に対して請求できる権利のこと）ですから、もし不払いとなったら、貸金などの金銭債権の取立てと同様の措置をとることが可能です。もっとも、月単位で見ると養育費は多額でないだけに、法的手続きを躊躇しがちです。そうかといって、不払いの状態が継続すると、子の監護や教育を行う側は経済的な痛手をこうむります。

　そこで、養育費の不払いについては、適切に催促する事が必要です。たとえば、公正証書を作成する（204ページ）、内容証明郵便を出すといった方法があります（211ページ）。

● 養育費の支払いを確保する法的措置

　養育費の支払いを約束しても、義務者が約束どおり支払うとは限りません。養育費の支払いを家庭裁判所の審判や調停で決めている場合は、義務者に対して履行勧告や履行命令をすることを、家庭裁判所に申し立てることができます。

　ただし、これらの手段では、義務者の財産から強制的に養育費を支払わせることができません。そこで、養育費の支払いについて家庭裁判所の審判や調停で決めているか、後述する強制執行受諾文言のある公正証書（執行証書）があれば、強制執行によって養育費の支払いを強制的に確保する手段をとることができます。養育費の不払いが続いていて、内容証明郵便などで催促しても効果がない場合には、これらの法的措置の利用を検討するのがよいでしょう。

● 事情によっては養育費の額を増減できる

　公正証書は公証人に内容を証明してもらった書類です。特に養

育費のような金銭の支払いについて、「金銭の支払いを履行しない場合は強制執行を受けても異存ありません」（強制執行受諾文言）という記載がある場合には、裁判所の判決を経ることなく強制執行ができるという強い効力があります。

　何の理由もなく養育費を滞納し、催促にも応じなかった場合は、給料の差押えなどを受けても文句は言えないでしょう。しかし、公正証書の内容を一切変更できないわけではありません。養育費は、事情の変更があれば、当事者は、いつでも増額減額の請求ができます。

　増額請求の主な理由としては、以下のものが挙げられます。
・入学金など子の進学に伴う学費がある場合
・受けとる側が病気、ケガ、失職などで収入が低下した場合
　減額請求の主な理由としては、以下のものが挙げられます。
・支払う側が病気、ケガ、失職などで収入が低下した場合
・受けとる側の収入が大幅に上昇した場合

　養育費の増減については、あらかじめ取り決めておくとよいでしょう。養育費の支払いは長期に渡るため、離婚時に予想できない事態が起こることも考えられます。可能な限り決めた内容は守るべきですが、その内容が客観的に見て現実的でないと判断される場合は、裁判所でも内容を再検討する必要性を認めています。特に離婚時に予想できなかった病気・ケガ・失業といった事情が生じた場合は、相手方に養育費の減額を申し入れるようにしましょう。話し合いが成立しなければ、家庭裁判所に調停を申し立てます。家庭裁判所は、相手方の収入や再婚の有無なども含めて検討し、妥当な養育費の額を提示します。

　　　　　　　養育費増額の申入書

　令和○年○月○日の協議離婚に伴い、あなたとの間の長男太郎は私が親権者として引き取り、あなたは養育費を月4万円を支払うこととなっておりました。本日に至るまで、あなたはこの約束を守ってくださっていることにまずは敬意を表し、御礼申し上げます。

　しかし離婚の後、あなたの事業もうまくいって軌道にのったと聞いております。他方太郎は先日、学校の体育の授業中に後遺症を残すほど怪我を負い、補償はあったものの、現実には介護等で生活費の負担が大幅に増加し、今では養育費に不足を生じるようになってしまいました。

　つきましては、養育費を月6万円に増額していただけるよう、お願い申し上げます。

　令和○年○○月○○日
　　　　　東京都○○区○○丁目○番○号
　　　　　　　　　○○○○　　　印
　東京都○○区○○丁目○番○号
　○○○○　様

催告書

　私はあなたと令和○年8月20日調停離婚し、その際、私が親権者となり子どもを引き取りました。また、子どもの養育費として1か月12万円をあなたが支払うこととなりました。ところが、あなたは本年になってから右養育費の支払をされず、既に60万円が滞納の状態となっております。

　つきましては、本書面到達後7日以内に右金員をお支払いください。もし、応じていただけない場合は、法的手段をとりますのでご承知おきください。

　令和○年6月1日
　　　東京都新宿区○○町○丁目○番○号
　　　　　　　　　　　　酒井春美　印
　東京都中央区○○町○丁目○番○号
　工藤次郎　殿

Q

　離婚に際して、妻である私が6歳の子の親権者になることで決着がつきましたが、離婚後にさまざまな費用がかかり、養育費も相当な負担となりました。元夫に対して養育費の負担を要求しましたが、親権がないことを理由に拒絶されました。元夫には養育費の負担義務はないのでしょうか。

A

　未成年の子がいる夫婦が離婚をするときは、必ずその一方を子の親権者として定めなければなりません。本ケースの場合は子が6歳なので、離婚時に必ず一方を親権者として定めることが必要です。なお、両親の離婚後の親権の行使について、日本では単独親権を採用しており、離婚後の両親が共同して親権を行使すること（共同親権）を認めていません。

　しかし、親権者の取り決めは子の将来のためであって、親権を失ったからといって、親子関係が解消されるわけではありません。したがって、親としての子に対する扶養義務は失われず、本ケースでも、元夫は子に対して扶養義務を負っていることから、養育費の支払義務を負うことになります。

　では、親権者でない相手方に、どの程度の養育費の負担を求めることができるのでしょうか。これに関しては、相手方の資経済力（資産や収入の状況など）などを考慮して、個別に判断されています。養育費の目安としては、特に家庭裁判所で活用されている「養育費・婚姻費用算定表」を参照するとよいでしょう。令和元年12月に改訂版が公表されています（232ページ以降参照）。

Q 離婚の際、子の親権を得る代わりに「養育費を一切請求しない」という離婚協議書を作成しました。その後、事情が変わっても養育費の請求はできないのでしょうか。

A 離婚時に、子の親権を得る側が「養育費を請求しない」と約束することは可能です。しかし、養育費は、子の養育に要する費用の請求であり、監護親としての権利ですが、子は、これとは別に子は親に扶養を請求することができます。したがって、親は、自己の養育費請求権を放棄したとしても、子の扶養料請求権を親権者として代わって行使できます。その金額も、家庭裁判所が定めた「養育費・婚姻費用算定表」を参考に決めます。この子の有する扶養請求権は、事前に放棄することはできません。

　もっとも、「放棄」といっても、養育費の一括払い的代替手段を講じた上で養育費を放棄した場合などは、それも考慮した上で扶養料が決められます。

Q 離婚後に養育費の支払義務者が自己破産した場合、養育費の支払義務は免責されるのでしょうか。

A 自己破産して裁判所から免責許可決定を得ると、破産者は、それまで背負っていた債務から解放されるのが原則です。しかし、破産法では政策的な理由から、免責許可決定があっても免責されない債務をいくつか定めています。この免責されない債務のひとつとして、子の監護に関する義務が定められています。そして、養育費の支払義務も「子の監護に関する義務」に含まれるので、免責許可決定を受けても養育費の支払義務は免責されません。し

たがって、本ケースの場合も、養育費の支払義務者は、引き続き子の養育費を送金し続ける必要があります。

　親族間の扶養義務に基づく債務も、免責されない債務として定められています。扶養義務として、親は自らと同程度の生活を未成熟の子にさせる義務（生活保持義務）を負っており、これも養育費の支払義務の根拠となります。さらに、破産者が夫婦・親子といった関係から負担すべき義務であって、契約に基づくものも免責されない債務として定められています。たとえば、離婚した夫婦間での生活費負担義務がこれに該当すれば、免責許可決定があってもその費用を送金し続ける必要があります。ただし、この判断はケース・バイ・ケースとなるので、弁護士や管財人と相談する必要があります。

Q 離婚訴訟の係属中でも、別居して子を育てている私（妻）が、夫に養育費を請求できるのでしょうか。

A　離婚訴訟継続中は、夫に婚姻費用を請求できます。その婚姻費用は、妻としての生活費と監護している子供の養育費の両方を含みます。仮に、あなたが明白な有責配偶者で婚姻費用を請求できなくても、養育費相当額を婚姻費用として夫に請求できます。

　離婚が確定すれば、その時点から婚姻費用は請求できなくなりますが、同時に、その時点から養育費を請求できます。通常は、離婚訴訟提起時に併せて養育費の支払いを求め、離婚判決も、離婚と同時に養育費の支払いを命じます。

Q 再婚すると元夫からの養育費はもらえなくなるのでしょうか。

A 　再婚をしても、それだけでは、元夫の養育費支払義務が停止になるわけではありません。養育費の支払いを請求できます。ただ、再婚と同時に、通常は、苗字と一致させるため再婚相手と子供は養子縁組をします。

　そうなると、養親が第一次的扶養義務者となり、実親は、第二次的扶養義務者となります。このような場合は、まず第一次的扶養義務者である養親が子供を扶養すべきなので、実親は、養育費の支払義務が「停止」状態になります。養育費を支払う必要はありません。

　もっとも、養親が病気等で稼働できず、第一次的扶養義務者としての義務を履行できないときは、その不足分を第二次的扶養義務者である実親が履行する義務が生じ、その不足額の限度で、実親の養育費支払義務が復活します。

　野球で言えば、養親はレギュラー、実親は「代打」という関係になります。

Q 　3年前に離婚して今年中学生になる子の親権を持っています。現在の養育費では子の教育費がまかないきれず、私は昨年大病をしてから仕事が思うようにできない状態です。毎月の子の養育費を増額してもらうことはできないのでしょうか。

A 　離婚に際して生じる金銭的な取り決めは、大きく分けて、

慰謝料、財産分与、養育費があります。このうち養育費は、将来の予測が困難なことから、安易な決定をしがちです。子が成人するまでにかかる費用であることを考えて、金額や支払方法を決めておきたいものです。

　養育費の増額は、内容証明郵便などの文書を送付した上で協議を行いますが、話し合いがまとまらない場合には、家庭裁判所に調停（養育費増額調停）の申立てができます。増額が認められる要因として、子の進学、物価の上昇、生活環境の変化、収入の減額などが挙げられます。養育費の算定基準として、家庭裁判所などが採用する「養育費・婚姻費用算定表」があります。しかし、この算定表だけで養育費の額が決まるわけではありません。将来的な養育費の負担について不安があるときは、子の進学や成長に合わせて金額を決め直すことを約束するのもよい方法でしょう。

　なお、大病をして収入が減少している状況と思われますが、差し迫った状況であれば、住んでいる自治体に生活保護について相談することも検討してみましょう。一定の条件さえ満たせば、病気から回復するまでの受給も可能です。

Q 相手方が養育費を支払わない場合は、どのような法的手段をとればよいのでしょうか。

A 　離婚の調停、審判、裁判を経て、養育費などの条件について調停調書、審判書、判決書が作成されている場合には、家庭裁判所に対し、これらの書面の内容に従うよう説得や勧告をしてもらうことができます（履行勧告）。履行勧告に従わない場合は履行命令を出してもらいます。履行命令に従わない場合は10万円以下の過料が科せられます。

それでも養育費の支払いを受けられない場合は、裁判所に申し立てて財産の差押えができます。通常の差押えでは支払期限を過ぎた滞納分しか対象となりませんが、養育費の場合、子に対する親の責任の重大性が考慮され、滞納分だけでなく支払期限が来ていない将来分も含めて差押えができます。

　差押えの対象となる財産として、預貯金、不動産、給料などが挙げられます。給料については、原則として手取り金額の2分の1まで差押えが可能です。

　なお、民事執行法が改正されて、令和2年4月1日から施行されています。新民事執行法では、財産開示手続きが拡充された他、情報取得手続きも新設されました。これにより、相手方の勤務先や預貯金・所有不動産などの情報が格段に入手しやすくなりました。公正証書で養育費を定めた場合でも、通常は、強制執行認諾文言が付されているでしょうから、同様に差押え可能です。

2 養育費などを請求する場合の差押えの特例を知っておこう

養育費などについては差押禁止の範囲が狭くなる

◉ 養育費などを確保したいときはどうするか

　離婚しても子と離れて暮らす親（非監護親）は、自らの資力に応じて、子と共に暮らす親（監護親）に養育費を支払わなければなりません。よく見受けられるのが、離婚後に元妻が子を引き取り、養育費を元夫が負担するというケースです。

　しかし、歳月の経過と共に、養育費が支払われなくなることが多いようです。この点は、婚姻費用の分担金を離婚後に分割で支払う場合や、親族間で扶養料を分担する場合も同じ問題が発生します。

　このような不払いが生じた場合、いくら将来も不払いとなる可能性が高くても、支払期限が到来している分しか回収できません。しかし、給与債権等継続的給付債権を差し押さえた場合などは、一度、差押えをすれば、その差押えの効力は今後も続き、支払いの都度差押えをする必要はありません。勤務先等が、支払期限の到来の都度、給与から天引きして支払います。

　これに対し、預金等を差し押さえた場合は、すでに支払期限の到来した養育費しか回収できず、将来の養育費は、その都度、差し押さえる必要があります。

　民事執行法の改正で、容易に相手方の勤務先情報が取得できるようになりましたから、できるだけ給与債権を差し押さえるようにしましょう。

● 養育費などは差押禁止の範囲が減少される

通常の債権を根拠として差押えをするときは、債務者の給与（税金などを控除した手取り額）の4分の3は差押えができません。つまり、給与の4分の1を限度として差押えができます。しかし、養育費など（養育費・婚姻費用分担金・扶養料など）の場合は、養育費などの支払いを受ける者を保護するため、差押禁止の範囲が減少し、原則として給与の2分の1まで差押えができます。ただし、給与が月額66万円を超える場合は、一律33万円についてのみ差押えが禁止されるため、2分の1以上の差押えができます。

このように、養育費などは特例があるため、養育費など以外の通常の債権と共に養育費などを請求債権（差押えの根拠となる債権）とする場合は、申立書に添付する請求債権目録と差押債権目録は、通常の債権についてと、養育費などの債権についてと別個に作成します。

● 財産開示手続と第三者からの情報取得手続

養育費の不払いは、特に母子家庭の貧困化を招く大きな要因となっています。この問題に対処するため、民事執行法では、債権者が債務者の財産に関する情報を取得できる手続きとして「財産開示手続」が定められています。養育費を支払わなくなった相手方の財産の情報がわかれば、養育費の回収も可能となります。し

■ 給与に関する差押禁止の範囲 ・・・・・・・・・・・・・・・・・・・・・・・・・・・・・・・・・・・・・・

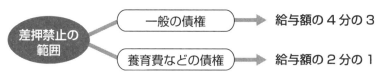

差押禁止の範囲 → 一般の債権 → 給与額の4分の3

養育費などの債権 → 給与額の2分の1

かし、従来の財産開示手続は実効性に乏しい制度でした。そのため、令和2年4月に改正民事執行法が施行され、後述するように財産開示手続の改善が図られると共に、新たに「第三者からの情報取得手続」が定められました。

◉ 改正後の財産開示手続

　従来は確定判決などを有する債権者に限られていましたが、仮執行宣言付き判決（確定前の判決）や執行証書（強制執行認諾文言付き公正証書）を有する債権者も申立てができます。

　たとえば、協議離婚をした際、元夫が養育費の支払いが滞ったときに強制執行を受け入れることを公正証書で取り決めたとします（これが執行証書に該当します）。その後、元夫が養育費を支払わなくなったときは、訴訟を経ることなく、この公正証書に基づき財産開示手続の申立てができます。

　債権者が財産開示手続の申立てを行い、裁判所がその実施を決定すると、財産開示の期日が指定されます。債務者は期日に出頭

■ 給料の差押え範囲（養育費などを請求債権とする場合）………

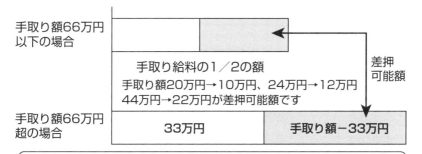

手取額が66万円を超える場合は、その手取り額から一律33万円を差し引いた額を差し押さえることができる。つまり、33万円を債務者のもとに残せば、その残りはすべて差し押さえることができる。

し、財産に関する情報を陳述しなければなりません。債務者が、期日に出頭しない場合、出頭しても宣誓しない場合、虚偽の陳述をした場合などについて、従来は30万円以下の過料という軽い制裁（過料は刑事罰ではありません）が科されるだけでした。これが改められ、6か月以下の懲役または50万円以下の罰金という刑事罰が科されることになったため、手続きの実効性の向上が図られたといえます。

● 第三者からの情報取得手続き

　改正民事執行法により「第三者からの情報取得手続」が定められました。この手続きで行うことができるのは、①金融機関から預貯金債権、上場株式、国債などに関する情報を取得すること、②市町村や日本年金機構等から給与債権に関する情報（勤務先など）を取得すること、③登記所（法務局）から土地と建物に関する情報を取得することです。

　この手続きの申立てができる債権者は、基本的に財産開示手続の場合と同じです。養育費などの債権者と生命・身体の損害賠償の債権者は、確定判決や執行証書などを有していれば、前述した①・②・③のいずれも申立てができます。それ以外の債権者は、前述した①・③の申立てはできますが、②の申立てはできません。裁判所は、債権者の申立てを認めると、第三者に債務者の財産に関する情報の提供を命じます。第三者は、裁判所に書面で情報を提供します。裁判所は、その書面の写しを債権者に送付します。併せて、債務者には情報の提供がなされたことが通知されます。

　なお、第三者からの情報取得手続では、保険関連は対象とされていないため、たとえば、生命保険の解約返戻金などに関する情報は取得できないことに注意してください。

3 親権者について知っておこう

一度離婚届に記載した親権者は簡単に変更できない

● 「親権」とはどんな権利なのか

親権は、子の世話、しつけ、教育をする身上監護権と、子の財産を管理したり子に代わって法律行為（契約など）をしたりする財産管理権に分けられます。そして、これらの親権をもつ人を親権者といいます。

婚姻中の父母は、共同して子の親権者になります（共同親権）。しかし、未成年の子がいる夫婦が離婚する場合は、一方を親権者として決めなければいけません（単独親権）。日本では離婚後の親権について共同親権を認めていません。

したがって、離婚時に夫婦の双方が親権者になりたい（なりたくない）と言い張って、どちらが親権者になるか決められないときは、離婚をすることができません。この場合、後述するように、家庭裁判所に調停の申立てをして、調停あるいは審判で親権者を決めた上で、離婚をすることになります。

これに対し、どちらが親権者になるのかが決まっていれば、離婚届に「親権者と定められる当事者の氏名及びその親権に服する子の氏名」を記入します。提出した離婚届に記載された親権者は、後述するように、家庭裁判所の調停あるいは審判を経ないと変更できないため、よく話し合って決めるようにしましょう。

また、子が生まれる前に離婚した場合は、母親が親権者になるのが原則です。ただし、父母の協議によって、父親を親権者として定めることもできます。認知されているが父母が結婚していない婚外子の場合も同様です。

◉ 親権者が決まらないときは調停・離婚訴訟などを経る

親権者をどちらにするかが決まらないことから、協議離婚が成立しない場合には、親権を決めるため、家庭裁判所に離婚の調停を申し立てることになります。調停手続きの話し合いでも親権者が決まらないときは、調停不成立となる（離婚が成立しない）ので、あらためて家庭裁判所に離婚訴訟を提起することになります。離婚訴訟を提起するときは、その前に調停手続きを経なければならない（調停前置主義）のが注意点です。

なお、調停不成立のときの他、調停手続きを経なくても、家庭裁判所に審判の申立てができますが、審判手続きの利用は少ないようです。この場合の審判に不服があるときは、2週間以内に即時抗告（不服申立て）をすると、高等裁判所で審理が行われます。

◉ 親権は「子の利益と福祉」を中心に決められる

一般的には「子は母親が引き取って育てるのが最善」といわれますが、親権者をどちらにすべきかを決定する審判や離婚訴訟では、家庭裁判所の調査官が、子をめぐる家庭環境や当事者である父母について調査を行い、どちらが親権者としてふさわしいかを検討します。この場合、経済的に余裕のある方が有利であるとか、

■ 親権とは ……………………………………………………………………

```
                    財産管理権  = 親権者
                    子どもの財産を管理
        親 権
                    親権者が決まらない場合は調停または審判

                    身上監護権  = 監護者
                    子どもの世話　しつけや教育
```

仕事の職種によって不利になることは、一概に言うことはいえません。

たとえば、「ホステスをしている母親は親権者としてふさわしくない」わけではありませんし、「資産家の父親が親権者になる方が子は幸せになれる」とは限らないわけです。親権は子の保護を目的とする制度ですから、子の利益や福祉を十分に考慮した上で、親権者が決められます。

◉ 離婚後に親権者を変える場合の手続き

たとえば、「子は父親が引き取って育てていたが、再婚が決まった途端に、子が放置状態にされている」というケースでは、親権者を変えることが可能です。親権者を変更するには、家庭裁判所に親権者変更の調停の申立てをすることが必要です。親権者変更の調停の申立ては、父母以外の子の親族（祖父母など）からも行うことができます。

申立てを受けた家庭裁判所は、親権者の変更を希望する事情、親権者の意向、今までの養育状況、双方の経済力、家庭環境など

■ 親権者変更の手続きの流れ ･････････････････････････

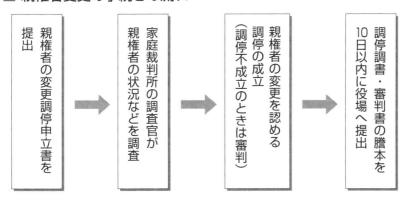

親権者の変更調停申立書を提出

→

家庭裁判所の調査官が親権者の状況などを調査

→

親権者の変更を認める調停の成立（調停不成立のときは審判）

→

調停調書・審判書の謄本を10日以内に役場へ提出

を調査・検討した上で、「子の利益や福祉のために親権者を変更する必要があるかどうか」を把握します。

　その上で、調停手続きで話し合いを進めますが、話し合いが成立しなければ、自動的に審判手続きが開始されます。審判手続きでは、変更の必要ありと判断した場合に、家庭裁判所が職権で親権者を変更するとの審判を行います。

　そして、親権者の変更に際しては、子の意思も十分に考慮されます。子がある程度の年齢に達している場合は、子の意思や希望を尊重する例が多いようです。

◉ 複数の子がいる場合は親権者を分けることもできる

　夫婦に子が２人いる場合、たとえば、上の子は父親が引き取り、下の子は母親が引き取るという例があります。

　これは、子が複数いる場合、離婚時において、すべての子の親権者を同じ人にすることを、法律上は要求していないからです。したがって、離婚に際して、子がある程度の年齢に達し、子の意思や希望が尊重されているときには、それぞれの子の親権者を別々にすることも考えられます。

　ただ、兄弟姉妹をバラバラにすると、子の成長に何らかの影響をもたらすおそれがあると考えられます。したがって、可能な限り、複数の子がいる場合の親権者は、すべて同じ人に決定されることが望ましいといえるでしょう。

Q 知人から監護者を妻、親権者を私とする方法もあると教えられました。監護者と親権者はどう違うのでしょうか

A 親権の具体的な中身は、子の監護教育、居所の指定、懲戒、職業許可、財産管理、代理などです。このうち、監護教育に絞って子に対する権利や義務を有するのが監護者です。監護者は実質的に子と生活を共にし、子の身辺の世話やしつけ、教育などを行います。監護者を別に定める場合は、親権者は、監護以外の部分について権利や義務を有することになります。

本来ならば、親権者が監護権をもつのが適切ですが、何らかの事情があるときは、親権者と監護者を分けることも行われています。その事情としては、夫婦の一方に財産の管理能力がない場合、多忙や病気などで子の適切な監護を行うことができない場合、離婚する父母の双方が親権を譲らないときの解決策とする場合などがあります。監護者は父母以外の人が就任することも可能で、たとえば、父母が共に服役している場合に、祖父母が監護者となることがあります。監護者は、当事者の協議もしくは調停・審判によって定めることができます。届出などは不要ですが、特に協議で定めたときは、後のトラブルを避けるため、親権者と監護者を分けた事実を明記した協議書を作成するとよいでしょう。

Q 夫の家柄の関係で、離婚する際に「跡取りとなる子の親権は渡せない」と姑が夫の親権を主張してきました。

A 子の親権は、原則として父母が有する権利義務です。直系の嫡男という理由で姑に親権を取られることはありません。親権

者をどちらにするかを決めることが協議離婚の条件ですから、夫婦間で話し合って決めます。話し合いがつかない場合は、家庭裁判所に離婚の調停もしくは審判を申し立てます。親権をめぐって夫と争う場合、「養育を補助する者がいるかどうか」も判断要素のひとつとなるので、積極的に養育を申し出ている姑の存在が夫に有利に働く可能性はあります。

　なお、あなたが子の親権を得て離婚しても、姑が子との面会交流を主張することもありえますが、面会交流制度は、「子」の監護に関する処分として行われるもので、子の親に対する権利であって、あくまでも、親との面会交流を前提とした制度です。姑が面会交流を求めても応ずる必要はありません。

　もっとも、実務では、子が非監護親と面会する時、祖父母も同席することは日常的に行われています。特別な事情のない限り、祖父母との面会交流を否定する理由はないでしょう。

Q 子の親権者や監護者を元妻から自分（元夫）へ変更したい場合にはどうすればよいのでしょうか。

A 　離婚する夫婦に未成年の子がいる場合は、離婚の際に親権者や監護者を決定します。離婚後に子を引き取る手続きは、親権者と監護者の関係によって異なります。

① **親権者の変更を伴う場合**

　元妻が親権者である場合で、あなた（元夫）に親権を移すときは、戸籍の変更が必要です。そのため、双方の話し合いだけで変更することはできず、家庭裁判所による親権者変更の調停・審判を経なければなりません（123ページ）。

② **親権者の変更を伴わない場合**

元妻が親権者であなたが監護権だけを得たい場合や、あなたが親権者で監護者である元妻から監護権を移したい場合は、双方の話し合いだけで監護権を移すことができます。話し合いがつかなければ、家庭裁判所に調停を申し立てます。調停不成立のときは、自動的に審判手続きに移り、家庭裁判所が職権で監護者をあなたに移すかどうかを審判します。

Q 協議離婚が成立して１か月が経過した先日、小学校から帰る途中の娘が元夫に連れ去られました。すぐに返すよう連絡しましたが応じません。協議離婚では私を親権者と定めていますが、どうすればよいのでしょうか。

A　設例の場合、すでに離婚して親権者が決まっている場合ですから、地方裁判所・高等裁判所に人身保護請求をします。この場合は、弁護士を代理人とする必要があります。誘拐罪として刑事告訴も検討します。

　これに対し、まだ離婚協議中で親権者が未定だが、別居しているため事実上あなたが監護していた場合は、人身保護請求はできず、子の引渡し・監護者指定の審判・保全処分の申立てをします。この場合、共同親権状態なので、誘拐罪を理由とする刑事告訴は難しいでしょう。

　いずれの場合も、迅速に動くことが大切です。調停の申立ては、時間のロスで意味がありません。

4 親権者になるための基準はあるのか

母親が親権者になることが多いが例外もある

● ほとんどの場合は母親が親権者になる

　夫婦間の愛情が冷めても、子の可愛さに離婚を思いとどまっている夫婦も少なくありません。このような夫婦が離婚することになった場合、財産分与についてはスムーズに話し合いが進んでも、双方が子の親権者になることを譲らず、いつまでも離婚が成立しない事態に陥る可能性が高いと思われます。

　このように、子の親権をめぐって争いが生じた場合は、離婚の調停・審判、もしくは離婚訴訟といった裁判所が介入する手続きにおいて親権者が決定されます。

　家庭裁判所で扱われたケースを見る限り、母親が親権者や監護者になる場合が非常に多いといえます。これは決して、「父親が親権者としてふさわしくない」ということではなく、実際に子の世話をする、子の教育環境を整えるなどの点から検討した結果、「母親と一緒にいる方が、子にとっては生活しやすい環境である」と判断されることが多いからといえそうです。特に子が義務教育に達していない幼児の場合は、そのように判断されるでしょう。

　しかし、裁判所が父親が親権者としてふさわしいと判断することもあります。たとえば、母親に精神的に問題があり子を虐待する場合等は、父親が親権者になります。しかし、離婚原因を母親が作出しても、それは妻として失格というだけで、母として失格ということにはなりません。

◉ 親権者の決定基準となるポイント

　以下は、裁判離婚（離婚訴訟の判決による離婚）の場合における親権者の決定基準ですが、協議離婚や審判離婚の場合も、同様の基準を応用できると思われます。

① 監護の継続性

　現実に子を監護している者を親権者として優先します。たとえば、別居期間中に子を母親が監護していれば、母親が親権者としてふさわしいことになるでしょう。これは、子の生活環境に問題がなければ、現在の状況を尊重し、子の生活環境の大きな変化は避けようとする考えからです。

② 健康状態が良好であること

　子を育てるためには、心身共に良好な健康状態であることが重要です。病弱である場合、躁鬱など精神的に不安定である場合、アルコール中毒や薬物中毒の場合などは、子の養育が十分に行えないと判断され、親権者として不適切と判断されるでしょう。住所不定の放浪生活を送る人も、同様に判断されます。

③ 子と接する時間を確保できること

　子を養育し、生活を維持するための収入を得なければならないのは、父親も母親も基本的には同じ条件です。しかし、たとえば、「妻の実家から金銭的な援助があり、フルタイムで働かなくても生活を維持できるので、その分、子と接する時間が夫よりも多く確保できる」ような場合は、母親が親権者として適切と判断される可能性が高いでしょう。

④ 子の年齢や子自身の事情も考慮する

　裁判所による調停、審判、離婚訴訟では、「10歳くらいまでは、子は母親とのスキンシップが重要である」という見方を拠り所として、親権者を判断することが少なくないようです。これに対し、「15歳以上になれば、物事に対して自分で意思決定する能力が備

わる」ことから、親権者の判断にあたって、子自身の意思や希望が尊重されるようになります。しかし、子にとっては、両親が離婚するという大変ショッキングな出来事の渦中にあるわけですから、子の情緒を十分に考慮した上で、その意思や希望が尊重されます。また、住む場所や学校が大きく変わるといった急激な環境変化も、子にとっては大きな負担になります。こうした事情も、親権者を判断するときに考慮に入れられます。

⑤　**経済的な事情は大きな問題ではない**

　子の幸せは金銭で見積もることはできません。したがって、経済的に豊かであることは、必ずしも親権者の判断にあたって大きな基準とはならないと考えられます。

⑥　**離婚に際しての有責性について**

　他国を見ると、一方の不貞行為が理由で離婚する場合、不貞行為をした方の親（有責性のある親）は、親権者にも監護者にもなれないことが法律で定められている国もあるようです。

　しかし、日本ではこのような法律の定めはありません。裁判例を見ても、あくまで子の利益や福祉を優先基準として判断され、親の不貞行為が決定的な基準にはならないようです。しかし、あらゆる条件が対等で、両者が親権を主張した場合は、不貞行為をした側が不利になることも十分にあり得ます。

⑦　**監護補助者となる親戚などが存在するか**

　仕事をもっている場合は、子の養育のための「監護補助者」の存在が重要です。監護補助者は、祖父母などの親族がなることもありますが、監護補助者自身の心身状況、人格、育児経験などがポイントになります。

　監護補助者は、必ずしも親族でなければならないわけではありません。適切であれば、乳幼児保育施設を監護補助者として立てることも可能です。

Q 離婚調停で親権者を決める場合の判断基準は何でしょうか。私の方が経済的に不利なので、夫に親権を取られるのではないかと不安です。

A 　経済力は子を養育する上で重要な考慮事項のひとつではありますが、子の幸福は金銭の有無だけで決まるものではありません。そうであっても、母親のそばにいることが、当然に子にとって幸福であるとは限りません。

　家庭裁判所における離婚調停では、客観的に見て、どちらが親権者となるのが子にとって幸福かというのを基準として、子の生活に対して影響を与える可能性のある事情を比較・検討し、総合的に判断するという姿勢をとっています。

　具体的には、前述した①監護の継続性、②父母の心身の健康状態、③父母が子と接する時間、④子の年齢や子自身の事情、⑤父母の経済的な事情、⑥離婚に際しての有責性、⑦監護補助者の存在が、主な判断基準となります（129ページ）。

　子の年齢が低いと、母親が親権者となることが多いといえます。これに対し、子が10歳程度を過ぎると、子が自分の意思を明確に示すことができるので、子の意向も考慮されます。ただ、一方の親に言いくるめられていたり、親のことを考えて自分の意思に反する陳述をしたりする子もいます。そのような点を含めて、子の親権者について慎重に判断されています。

5 どちらも親権者になりたくない場合はどうする

やむを得ない場合は別だが調停や訴訟で決定する

● 子どもをひきとれない事情がある場合には

　親権者について争いになるケースの大半は、父親と母親の双方による子の奪い合いです。しかし、中には病気、借金、再婚予定といった理由で、父親も母親も子を引き取りたくない、あるいは引き取ることができないという場合もあります。

　たとえば、「妻は病弱で入退院をくり返す状態で、父親は借金だらけで経済的に子を養育できる状態ではない」「父親は子を養育できる精神状態ではなく、母親は再婚予定なので子を引き取りたくない」といったケースが考えられます。

　このような場合も、離婚する際には、どちらかを親権者として決めなければなりません。したがって、子の親権を奪い合うケースと同様に、どちらを親権者にするかについて話し合いがつかなければ、調停、審判、離婚訴訟といった裁判所の手続きによって親権者を決定することが必要です。

　また、親権者になった後においても、「刑務所に服役しなければならない」「重病に冒されている」「長期にわたって海外出張をしなければならない」といったやむを得ない事情があるときは、家庭裁判所から許可をもらうことができれば、親権を辞退することができます。

　このようにして、一方の親が親権を辞退したときは、他方の親が生存していても、その親に子の親権が当然に移るわけではありません。この場合、子の親権者が存在しない状態となるため、子の親族や児童相談所長などの申立てに基づき、子について未成年

後見が開始され、家庭裁判所が親権者と同じ役割を担う未成年後見人を選任します。未成年後見人として選任されるのは、子の親族である場合が多いのですが、弁護士や社会福祉法人が未成年後見人として選任されるケースもあります。

● 問題のある親権者の親権を喪失させること　もある

　親にあるまじき行動ではありますが、どちらも「子を引き取りたくない」と押しつけ合った結果、不本意にも子を引き取った側の親が、子に暴力を加えたり虐待を加えたりすることも考えられます。

　こうした事態は、親権の行使が著しく不適当であって、子の利益を著しく害する行為です。この場合、子自身、子の親族、検察官などの申立てに基づいて、家庭裁判所が親権の喪失を審判によって決定することができます（親権喪失審判）。暴力的な行為がなくても、子を学校に登校させない、子の養育を放棄しているといった、子の利益を著しく害する事情がある場合も、親権喪失審判の申立てをすることができます。

　さらに、児童福祉法の規定により、児童相談所の所長（児童相談所長）も、著しく不適当と判断する親権者に関して、親権喪失審判の申立てをすることができます。

　家庭裁判所の審判によって親権の喪失が確定し、子の親権者がいなくなった場合は、子の親族や児童相談所長などが、前述した未成年後見人の選任を申し立てることになります。

Q 素行不良の元夫から親権を奪いたい場合はどうすればよいのでしょうか。子が親権のない私と暮らしたいと懇願する場合はどうでしょうか。

A 民法では、父母による虐待や悪意の遺棄がある場合など、父母による親権の行使が著しく困難もしくは不適当であることにより子の利益を著しく害するときは、子自身、子の親族、検察官などの申立てにより、家庭裁判所が親権喪失審判をすることで、申立ての対象である父もしくは母の親権を奪うことができると規定しています。親権喪失審判の申立ては、子が自ら行うこともできます。また、児童福祉法の規定により、児童相談所長も親権喪失審判の申立てをすることができます。

あなたは、自分の子のことを心配しているのですから、子の親族として親権喪失審判の申立てができます。問題となるのは、元夫（親権者である子の父親）の素行不良が、親権の行使が困難もしくは著しく不適当で、子の利益を著しく害すると認められるかどうかという点です。親権の行使は、親権者の権利であると共に、義務でもあります。親権者は、自らの考えのもとに子を監護・教育することができると共に、子の健康に留意して生活環境を維持しなければならないのです。

本ケースでは、父親は、子に対して暴力を振るっていないようですが、素行不良の状況によっては、子にとって適切な生活環境とは言えない状態であることも考えられます。そのような状態では、子の監護や教育が十分に行われず、子の健全な育成に支障をきたします。したがって、父親の素行不良が、親権の行使が困難もしくは著しく不適当で、子の利益を著しく害すると認められ、親権喪失審判がなされる可能性があります。自分の子のために必

要と思われる場合は、家庭裁判所に親権喪失審判の申立てをするとよいでしょう。

　なお、親権を奪うものではありませんが、親権喪失審判をするほどの事情がなくても、家庭裁判所は、子自身、子の親族、検察官、児童相談所長などの申立てに基づいて、親権者の親権を最長2年間停止するという審判（親権停止審判）をすることができます。

●子が親権のない私と暮らしたいと懇願する場合

　本ケースのように親権者が素行不良の場合、耐えかねた子が親権のない親に救いを求めてくることもあります。

　親権者には、子の居所を指定する権利があるため、親権者の許可なく子を連れ出すと、刑法上の「未成年者略取罪」として警察に告訴される可能性があります。また、親権者には、子のしつけや教育のための懲戒権も認められます。したがって、子が親権者から叱られたことが嫌で家を出てきたに過ぎない場合は、親権者の元へ子を帰す必要があります。

　しかし、子が自分の意思によって別の場所で生活しているのであれば、必ずしも親権の侵害には該当しません。また、しつけと称して暴力を振るうなどの行為は、前述した親権喪失審判の原因となり得ます。

　裁判例では、子が自分の幸福のための意思決定ができるようになるのは、だいたい10歳以上と考えています。たとえば、子が父親の暴力から逃れるため、自分の意思で母親と生活することを懇願している場合、もし告訴されてもあなたが罪に問われる可能性は低いでしょう。ただ、親権者が父親のまま母親と生活することになると、何かと不都合が生じますから、一緒に暮らすことを選択するのであれば、親権者変更の調停の申立てをするとよいでしょう（123ページ）。

6 離婚後に離れて暮らす子と面会交流するにはどうしたらよいか

離婚時に面会交流の取り決めをしておくこと

◉ 面会交流は子と離れて暮らす父母の権利

　親権者（もしくは監護者）にならず、子と離れて暮らす父母の一方が、離婚後に、子と会って一緒に時間を過ごし、もしくは子と電話や手紙のやり取りをすることを面会交流といいます。面会交流については、離婚時に決めておくべき「父又は母と子との面会及びその他の交流」に該当します。

　なお、親権者の場合とは異なり、面会交流については離婚届に記載する必要がないので、面会交流の取り決めをしなくても離婚届を提出して離婚することは可能です。

　夫婦は離婚して他人になっても、親子関係まで切断されるわけではありません。親権者にならなくても、子の親である以上、子と面会交流する義務があるのは当然といえますし、養育費の支払いといった扶養義務を負っていることもあるのです。そのため、よほどの事情がない限り、子のためにも離れて暮らす親に会わせることが必要だといえます。

◉ 面会交流については具体的に取り決めをする

　面会交流については、具体的にどのように行うのかを、離婚時に取り決めておきましょう。たとえば、以下の点について取り決めておきます。トラブルを防止するためにも、書面にして残しておくことが重要です。

・1か月に何回会うのか
・何時間（あるいは何日間）会うのか

- 日時を決めるのはどちらの側なのか
- 場所はどこにするのか
- 子をどのように送迎するのか
- 日時や場所の変更は可能なのか
- 連絡方法はどうするのか
- 子の意思はどうするのか

◉ 面会交流が認められないこともある

　面会交流は、子の福祉や利益に反しないことが前提ですから、子と会わせることに問題がある場合は、面会交流が認められないケースもあります。裁判例によれば、以下の①〜③に相当するケースでは、子との面会交流に制限が加えられたり、面会交流自体が認められないとされたりするようです。

① 離婚時に、子に暴力を加えたり虐待をしたりするなどの理由で、親権者としてふさわしくないと判断されている場合

② 面会交流のときに子や親権者に暴力などを加えたり、あるいは面会交流を利用して力づくで子を連れ去ったりする可能性が考えられる場合

③ 子が自らの意思で面会交流を拒否する場合

　ある程度の年齢に達していれば、面会交流について、子の積極的な希望や意向も考慮すべきといえるでしょう。

◉ 面会交流の調停・審判と面会交流の変更・取消し

　「親権者を決めれば、面会交流については適当に話しておけばよいだろう」「親権者にならなかったからといって、面会交流を制限されることはないだろう」といった安易な考えが、後に面会交流をめぐって、子を巻き込んだトラブルに発展するケースは意外に多いものです。

面会交流について話し合いがつかない場合は、家庭裁判所に「面会交流調停」の申立てを行い、調停手続きで面会交流について話し合うことができます。しかし、話し合いがまとまらずに調停不成立になった場合は、自動的に審判手続きへと移行し、家庭裁判所が面会交流について審判することになります。

　また、一度決定された面会交流についても、その後の事情によっては、変更（停止を含みます）や取消しをすることが可能です。面会交流の変更や取消しについても、まずは親同士で話し合いを行い、話し合いがつかなければ、前述した家庭裁判所の調停・審判の手続きによって決めることになります。

　「別れた親が、子に対して、教育上好ましくないことをふきこんでおり、子の心身や行動に悪影響が出ている」「面会交流で取り決めたルールを無視し、子を親権者の元へ返さないため、子が学校を休みがちである」といったケースでは、面会交流の停止や取消しを検討する必要があるといえます。あるいは、子を引き取った親が再婚し、子も再婚相手を実の親と思って暮らしている場合も、別れた親と会うことが子にとってマイナスと判断されれば、面会交流が認められなくなることがあり得ます。

■ 面接交流が認められるかどうか ……………………………

離れて暮らす親が子に会うことや、子と電話などをする権利	相手方が面会交流を認めない場合	離れて暮らす親が面会交流調停を申し立てる	調停手続きで話し合って面会交流について取り決める※

※調停不成立のときは家庭裁判所が審判で決定する

Q 離婚から2年後に元夫が死亡しました。離婚時に子の親権者を元夫にしており、次の親権者は子の母親である私がなると思われますが、どうなのでしょうか。

A 　本ケースは、多少難しい問題を含んでいます。離婚時に親権を失った父母の一方は、他方が死亡しても、当然には子の親権者となることができないからです。

　離婚後に親権者であった者が死亡した場合には、子について未成年後見が開始されます。未成年後見人は、子の将来を考えて家庭裁判所が決定します。その際、必ずしも残った片親が後見人に選ばれるわけではありません。残った片親が、子の後見をするには相応しくない人物であったり、経済的に子を育てるのに不十分であったりするなど、子の将来のためによくない場合もあるからです。

　また、残った片親が未成年後見人に選任されても、当然には親権者にスライドすることができません。もっとも、子の利益のために必要な場合は、子の親族（残った片親）の請求に基づいて、残った片親を親権者とすることができます。具体的には、家庭裁判所に親権者変更の申立てをして審判がなされ、それを役所に届け出ることで、親権者となることができます。

Q 2年前に元妻と調停離婚しました。子の親権者は元妻とし、毎月1回は私と子が会うことを取り決めました。しかし、最近は元妻が子と会わせてくれません。子との面会交流は離婚時の約束なので守らせたいのですが。

A まずは元妻に対して面会交流に応じない理由を問います。元妻があなたと子だけの面会に対して不安を覚えているときは、「家庭問題情報センター」（電話03-3971-8553）に相談するのも一つの方法です。この団体では、元家庭裁判所調査官などが相談に応じ、面会場所の提供や面会への立会いといった支援を行います。

　本ケースは調停離婚なので、離婚調停が成立して調停調書が作成された際、面会交流についても記載しているはずです。それを根拠に子との面会交流を請求することができます。

　それでも元妻が子との面会交流を妨害する場合は、面会交流について調停を申し立てることができます。申立先は、元妻の住所地を管轄する家庭裁判所です。申立てを受けた家庭裁判所は、元妻から意見を聞いた上で、さまざまな事情を調査します。その際、子が両親の対立・利害関係に巻き込まれることなく、面会交流によって子の生活が害されないか、といった点も考慮されます。そして、調停不成立のときは、自動的に審判手続きへと移行し、家庭裁判所が面会交流について審判することになります。

第5章

離婚のための
裁判手続きと離婚事由
の証明

離婚には「協議」「調停」「審判」「裁判」の4タイプがある

話し合いによる協議離婚がほとんどである

● 協議離婚とは

　日本の法律では、「家庭内で起こる問題についてはできるだけ当事者にまかせ、法律が立ち入るのは最終的な場面に限る」というルールを基本としています。離婚についても、子の親権者などについて夫婦間の話し合いがまとまれば、どのような理由であろうとも離婚することができます。このような離婚を「協議離婚」といい、実際に離婚する夫婦の9割以上が協議離婚によっています。協議離婚の手続きは、離婚届に必要事項を記入して、役所（役場）に提出するだけです。これで離婚成立となります。

● 調停離婚とは

　夫婦のどちらかが離婚したくないと言い張る場合や、どちらを子の親権者とするかについて合意ができない場合は、協議離婚ができません。財産分与、慰謝料、養育費などの金銭的な問題について合意ができない場合も、協議離婚が難しいでしょう。

　このように、離婚に関して夫婦間の話し合いがまとまらない場合には、まずは家庭裁判所に離婚の調停を申し立てなければなりません。これを調停前置主義といいます。家庭裁判所では、調停委員をまじえて話し合いを行い、話し合いがまとまれば離婚することができます。これが「調停離婚」です。

● 審判離婚とは

　離婚の調停によっても話し合いがまとまらない場合で、家庭裁

判所が離婚をさせた方がよいと判断すると、職権によって離婚の審判を言い渡す場合があります。これが「審判離婚」です。家庭裁判所による審判の結果に納得がいかなければ、2週間以内に即時抗告（不服申立て）をすることができます。

◉ 裁判離婚とは

　離婚の調停で話し合いがまとまらない場合、それでも離婚をしたい側は、離婚訴訟を提起して離婚を求めることができます。これが「裁判離婚」です。ただし、離婚訴訟を提起する場合は、法定離婚事由（法律が定めた離婚理由）が存在しなければなりません。法定離婚事由については、180ページでとりあげていきます。

■ 協議離婚・調停離婚・裁判離婚 ・・・・・・・・・・・・・・・・・・・・・・・・・・・・

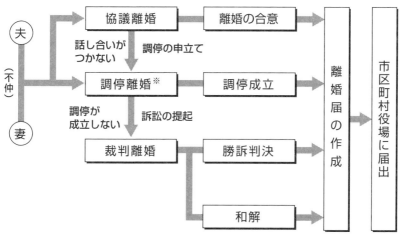

※調停が成立しない場合に審判離婚が行われることもあるが、実務上審判離婚はあまり
　利用されていない。そのため、調停が成立しなかった場合は裁判離婚となるのが通常。

◉ 離婚届を提出する

　協議離婚の際は、夫婦双方で離婚の意思をきちんと確認した上で離婚届を作成し、本籍地または住所地の役所（役場）へ提出します。離婚届の用紙は役所にいけば無料で手に入ります。

　本籍地以外の役所へ離婚届を提出するときは戸籍謄本も必要ですから、本籍地の役所から取り寄せます。プライバシー保護の観点から、本人以外の人が戸籍謄本を入手するための手続きは厳格なので、自分で請求するようにします。海外在住の場合は、本籍地の役所から郵送で取り寄せることができます。あらかじめ必要書類や料金などを確認してから請求をしましょう。

　未成年の子がいる場合は、夫婦のどちらかを親権者として決めないと離婚届が受理されませんから、離婚後の親権者になる者の氏名と、その親権に服する子の氏名を記載します。さらに、協議離婚の場合は、離婚届に証人２人の署名が必要です。証人は成人であることが条件で、生年月日、住所、本籍地の記載と署名押印（認印でよい）を証人自身にしてもらいます。

◉ 役所の窓口では形式的なチェックだけで受理される

　役所の窓口で提出された離婚届は、必要事項が記入されているかどうかの形式的なチェックだけで、実質の審査はせずに受理されます。離婚届は郵送でも受理してもらえますが、届出人が郵送後に死亡し、その後に離婚届が役所に到着した場合でも受理されます。この場合は、死亡時に届出があったとみなされます。

◉ 一方的に離婚届を提出された場合の措置など

　協議離婚をする場合は、夫婦の双方に離婚の意思がなければならず、一方の意思だけでは離婚をすることができません。

　たとえば、離婚届を作成したが、「やっぱり離婚はしない」とすることも可能です。したがって、相手方に「離婚する意思はない」と通告しさえすれば、たとえ離婚届が役所に受理されても、家庭裁判所に対して、離婚無効確認の調停を申し立てたり、離婚無効の訴えを提起したりすることができます。

　もっとも、離婚する意思がないと通告をした事実が立証できなければ、離婚の無効が認められない、つまり離婚が有効に成立する可能性が高いといえます。通告をした事実を立証できるように、通告は内容証明郵便を利用するとよいでしょう。あるいは、相手方が離婚届を提出してしまう前に「離婚届の不受理申出書」を先回りして役所に提出しておけば、離婚届は受理されなくなります。

◉ 協議離婚の場合も取り決めた内容は必ず書面化する

　離婚する夫婦双方の性格や離婚の理由、あるいは離婚をする時の状況にもよりますが、お互いに納得して協議離婚をするに至ったとしても、離婚時に夫婦間で取り決めた内容は、必ず書面で残しておくべきです。離婚後にトラブルが生じやすいのが、財産分与や養育費といった金銭の支払いについての事項です。

　親権者については離婚届への記載が必要ですが、財産分与や養育費などの記載は不要ですから、口頭で話して終わりにしてしまうケースが多いのですが、これが実はとても危ういのです。

　離婚後も、お互いに誠実な人間関係を続けていくケースも存在しますが、実際には、離婚後はまったくの他人になって距離ができてしまい、口頭で交わした約束は守らないようなケースの方が多いのです。特に支払う側が再婚した場合には、新しい家族を養

うのに精一杯となって、離婚した相手方に対する金銭的なやり取りがおろそかになることが十分にあり得ます。

　したがって、財産分与や養育費のような金銭的なことや、子との面会交流に関することなど、離婚後にトラブルの原因になりそうな問題については、離婚届を提出する前に、合意書のような形で、書面に残しておくことが重要です。書面に残しておけば、相手方が取り決めに違反するような行動に出た場合でも、書面を証拠にすることで、調停や裁判の場において、自分の主張の正当性を訴えることができます。もっと万全を期すならば、その書面を強制執行認諾文言の付いた公正証書（執行証書）に残しておくとよいでしょう。財産分与や養育費といった金銭面でもめても、「金銭の支払いを怠ったときは、直ちに強制執行に服することを承諾します」という一文（強制執行認諾文言）を公正証書に入れておくことで、わざわざ裁判所の判決を得なくても、強制執行によって相手方の財産の差押えなどが可能になります。

　なお、財産分与や養育費などのトラブルにおいて合意書などの書面がないときには、内容証明郵便（211ページ）を送付するのもひとつの手段です。

◉ 合意書に残しておくべきこと

　財産分与や慰謝料、未成年の子の養育費といった金銭的な事項については、「どちらが、どの程度の金額を、いつまでに、どのような方法で支払うのか」を具体的に記載します。さらに、未成年の子がいる場合は、親権者をどちらにするのか（親権者は離婚届にも記載します）、親権者と監護者を分けるのかどうか、子を引き取らなかった側はどのように子と面会交流をするのか、といった細かいことまで記載すべきです。

Q 離婚には双方が同意しましたが、金銭面の折り合いがつきません。離婚届の提出だけを先に済ませ、金銭面は後で決めてもよいのでしょうか。

A 　財産分与や養育費といった金銭面の取り決めを行わなくても、協議離婚によって離婚を成立させることは可能です（未成年の子がいる場合、その親権者を決めることは必要です）。しかし、金銭面については離婚後のトラブルが多いため、離婚届の提出前に折り合いをつけておくのが望ましいでしょう。折り合いがつかないときは、できる限り離婚届の提出前に、家庭裁判所に調停を申し立てて、調停委員を交えて話し合いをしましょう。調停手続きは低料金で申し立てることができますし、話し合いは非公開ですからプライバシーも守られます。

　事情があって離婚届の提出を先に済ませた場合は、財産分与は離婚から２年以内、離婚に伴う慰謝料請求は離婚から３年以内であれば請求可能です。養育費は子が成人するまで可能ですが、請求せずに過ごした分については、さかのぼって請求することが難しくなる可能性があります。相手方から支払われない場合は早期に請求をすべきでしょう。これらの場合も、家庭裁判所での調停手続きを利用することができます。調停申立ての際には、相手方の住所などを記載することが必要なので、居場所を把握しておかなければなりません。

　そして、調停によって合意に至った内容は、調停調書にまとめられます。調停成立後に調停調書に記載された内容が守られない場合には、裁判所に対して、履行勧告、履行命令、強制執行などを申し立てることを検討することになります。

Q 国際結婚をして日本に在住し、外国人である夫の姓に変更しました。離婚時に日本姓に戻るためには、どんな手続きが必要なのでしょうか。

A 　日本人が外国人と結婚（婚姻）することを国際結婚といいますが、国際結婚をした場合は夫婦別姓となります。外国人は日本国籍を取得しない限り、戸籍を持てないからです。ただし、日本人が配偶者である外国人の姓（外国姓）への変更は可能で、その方法は次の2通りです。なお、外国人が日本人である配偶者の姓への変更はできません。
① 　婚姻後6か月以内に、市区町村に「氏の変更届」を提出する
② 　婚姻後6か月を過ぎたときは、家庭裁判所に「氏の変更の申立て」をして許可を得る。

　①で氏を変更した夫婦が離婚する場合は、離婚後3か月以内に市区町村に「氏の変更届」を提出すれば、日本人は姓を元の日本姓に戻すことができます。しかし、②で氏を変更した場合や、①でも離婚後3か月を過ぎた場合は、家庭裁判所に「氏の変更の申立て」を行います。家庭裁判所の許可を得た後、市区町村に「氏の変更届」を提出します。

　注意すべきなのが、外国姓の夫婦間に生まれた子の姓です。子は出生時に外国姓の戸籍に入っています（母親と子が同一戸籍に入ります）。離婚により日本姓に戻る母親が親権を持っても、母親が外国姓の戸籍から抜けるだけで、子は外国姓の戸籍に残ったままです。子を日本姓にする場合は、家庭裁判所に「子の氏の変更」の申立てを行います。家庭裁判所の許可を得た後、「氏の変更届」を市区町村に提出します。その際、子が母親と同じ戸籍に入ることを記載した「入籍届」を一緒に提出します。

Q 外国人の妻と結婚して日本に在住しています。離婚の話が出ていますが、妻の本国では離婚が認められていませんが、この場合でも離婚ができるのでしょうか。

A 離婚の可否を検討する場合、本ケースの夫婦に対して、どの国の法律が適用されるのかを確認しなければなりません。これを「準拠法」といい、次の基準で決定されます。

① 夫婦の本国法が共通する場合、共通の本国法が適用されます。

② 共通の本国法がない場合、夫婦に共通する常居所地（相当期間居住している場所）の法が適用されます。

③ 夫婦に共通する常居所地がない場合、夫婦に密接な関係のある地の法が適用されます。

④ 夫婦の一方が日本に常居所地を持っている日本人であれば、日本法が適用されます。

本ケースでは、日本で結婚し、夫婦で日本に相当期間居住していたので、②により日本法が適用されます。したがって、日本の法律に基づき離婚ができます。たとえば、協議離婚をする場合は、離婚届を作成し、本籍地もしくは住所地の役所（役場）に提出することで離婚が成立します。なお、離婚は認めるが協議離婚は認めない国もありますから、元妻が本国に帰って再婚ができるようにするためにも、調停離婚などの裁判所の手続きを経て離婚を成立させるのが望ましいといえます。

本ケースで問題なのは元妻の立場です。元妻の本国では離婚が認められていませんから、本国での再婚が認められない可能性が高いといえます。しかし、そのような国であっても、外国人との離婚の場合は離婚・再婚を認めるケースもあるので、本国の大使館、領事館に問い合わせをすることが重要です。

3 調停離婚の手続きについて知っておこう

離婚の調停の申立ては家庭裁判所に対して行う

● 家庭裁判所に離婚の調停を申し立てる

　離婚の調停の申立ては、相手方の住所地（生活の本拠地）を管轄する家庭裁判所か、もしくは夫婦が合意して決めた家庭裁判所に対して行います。たとえば、東京都内で結婚生活を送っていた夫婦が離婚することになり、調停を申し立てた妻が千葉の実家で生活している場合は、夫が生活している東京都を管轄する東京家庭裁判所に申し立てます。反対に、夫が申し立てる場合は、妻が生活している千葉県を管轄する千葉裁判所に申し立てます。

　しかし、健康上の理由などやむを得ない理由で遠方に出向くのが難しい場合には、自分の住所地の家庭裁判所で処理してもらえるよう移送上申書を提出します。これが認められれば、自分の住所地にある家庭裁判所で調停を行うことができます。

　一方、夫婦が合意して決める場合は、全国どこの家庭裁判所でもかまいません。ただし、この合意は、調停を申し立てる時に合意書を添付するか、申立書に記載しなければなりません。

● 調停期日に家庭裁判所へ出頭する

　家庭裁判所へ提出された調停申立てが受理されると、この申立てに事件番号がつけられます。家庭裁判所へ書類や資料の提出をしたり、調停に関して問い合わせをしたりする場合には、事件番号が必要となりますので、忘れないよう注意してください。

　家庭裁判所での調停の手続きが開始されると、家庭裁判所内で事前調査された後、担当の調停委員が決められ、調停期日が指定

され、申立人と相手方に呼出状が郵送されます。そして、呼出状に記載された調停期日に家庭裁判所へ出頭します。なお、調停期日に病気や海外出張などのやむを得ない理由で出頭できない場合は「期日変更申請書」を提出します。

　離婚の調停にかかる費用は低額に抑えられています。調停申立書に貼付する収入印紙が1200円、呼出しなど事務連絡のための実費負担として裁判所に予納する切手が1000円程度で合計2200円程度かかります。特殊な鑑定や出張などが必要とされる場合を除いて、特別な費用を要するケースはまずないでしょう。

● 裁判所内の調停室で話し合いが行われる

　調停期日における話し合いは、家庭裁判所の庁舎内にある調停室で行われます。調停室はオフィスの会議室のような部屋で、調停委員と当事者が一つのテーブルをはさんで席につく形で話し合いを行います。第1回目の調停期日は、申立人から先に調停室に呼ばれます。そして、調停委員から調停を申し立てた経緯、夫婦生活や子のことなどについて質問されます。

　調停期日が1回で終わることはほとんどありません。1か月程度の期間をおいて、複数回の調停期日を設けて話し合いが行われます。基本的には6か月以内に終了するようですが、1年以上の期間を要する場合もあります。また、調停期日における話し合いは夫婦別席が原則であるため、調停委員を通じて他方の意見が伝えられます。しかし、状況によっては、夫婦が同席して話し合いをすることもあります。

● 代理人を立てることもできる

　家庭裁判所の調停における代理人は、弁護士であることが原則ですが、家庭裁判所の許可を得れば、自分の親族など弁護士でな

い者を代理人として立てることができます。ただし、本人の出頭を命じられたときは、必ず本人が出頭しなければなりません。

特に相手方が弁護士に依頼した場合は、自分も強力なサポートを得るため、弁護士に依頼することが望ましいといえます。

● 相手が調停に応じない場合は出頭勧告がなされる

当事者の一方が調停期日に出頭せず、呼出しを重ねても出頭しない場合には、出頭勧告として家庭裁判所の調査官が説得に行く場合があります。それでも出頭しなければ、5万円以下の過料の制裁を受けるおそれがあります。いずれにせよ、どうしても相手方が出頭しない場合、申立人が調停を取り下げなければ、調停は不成立となります。また、離婚すること自体には合意しても、親権者、財産分与、慰謝料、養育費など、その他の条件で合意ができなければ、調停は不成立となります。

● 調停手続き中に財産を処分されないようにするには

調停手続き中に、相手方が財産を処分もしくは隠匿したり、財産の名義を変更したりするおそれがある場合、あるいは、調停手続き中も生活費や養育費を支払ってもらいたい場合には、「勝手に財産を処分してはならない」「生活費や養育費として毎月○○円を支払いなさい」といった調停前の仮の処分をすることを、家庭裁判所に対して促すことができます。

手続きとしては、調停前の仮の処分の申立書に、申立ての趣旨と実情を記入して提出します。相手方が調停前の仮の処分に違反した場合は、10万円以下の過料がかかりますが、強制力はありません。したがって、調停前の仮の処分の効果がないと思われる場合には、弁護士に相談して、家庭裁判所に対して仮差押や仮処分の申立てをするのが確実でしょう。

● 調停の申立てを途中で取り下げたい場合

　調停手続き中に、何らかの理由で調停の申立てを取り下げて、協議離婚をしたいと思うこともあります。この場合、調停の成立もしくは不成立までの間であれば、自由に調停の申立てを取り下げることができます。また、いくら調停をしても合意に至るのが困難であると判断した場合に、調停の申立てを取り下げることもできます。調停の取り下げについて相手方の同意は必要なく、必要書類を提出するだけで可能です。

● 調停が成立したら調停調書が作成される

　調停の結果、離婚の合意が成立し、離婚に伴う財産分与や慰謝料、未成年の子の親権者などについても話がまとまり、調停委員や裁判官も合意内容が妥当と認めれば、離婚の調停は成立となります。調停が成立すると、裁判所書記官が合意内容を記載した「調停調書」を作成します。そして、調停委員や裁判官の立ち合いの元で、その記載内容が夫婦の前で読み上げられます。

　離婚だけの申立てをしている場合は、調停調書に「申立人と相手方は、本調停により離婚する」とだけ記載されます。しかし、親権者や財産分与などについても合意が成立した場合は、「当事者間の長女○○（平成○年○月○日生）の親権者を相手方とする」「相手方は申立人に対し、財産分与として金○○万円、△△（支払方法）で支払う」などと記載されます。そして、速やかに調停調書の謄本の交付を申請しましょう。離婚届を提出するときに必要となるからです。

● 調停調書の内容は確定判決と同じ効力をもつ

　調停調書の記載事項には、確定判決（取消しができない状態になり確定した判決）と同様の強力な効力が与えられます。この点

から、調停調書の記載事項に従わなければ、強制執行を受けることがありますので、十分な注意が必要でしょう。こうして調停調書が作成されると離婚調停が成立し、調停手続きは終了します。

　調停手続きが終了したら、調停成立日から10日以内に調停調書の謄本を添付して、役所へ離婚届を提出します。10日を経過すると３万円以下の過料を徴収される場合があります。

　離婚届の用紙は協議離婚で使用するものと同じですが（22〜23ページ）、協議離婚の場合は、離婚届が役所へ提出・受理されてはじめて離婚が成立する（創設的届出といいます）のに対し、調停離婚の場合は、調停で成立した離婚を役所へ報告する意味合いをもちます（報告的届出といいます）。また、協議離婚の場合は、証人２人の署名押印が必要であるのに対し、調停離婚の場合は、証人の署名押印が不要ですが、調停調書の謄本の添付が必要です。

◉ 離婚届の他に添付する書類は何か

　調停離婚の場合は、離婚届の他に、調停離婚が成立したことを証明する調停調書の謄本を添付する必要があります。これによっ

■ 裁判所の調停室の様子 ･･････････････････････････････････

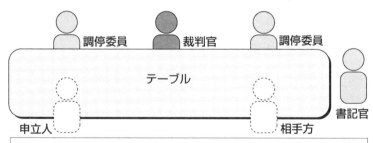

調停委員　　裁判官　　調停委員

書記官

テーブル

申立人　　　　　　　　　　　　相手方

※申立人と相手方は原則として同席しない。したがって、調停委員などが申立人（相手方）と話し合いをしている間、相手方（申立人）は席を外すのを原則とする。また、裁判官は調停期日に同席しないことが多い。

て、戸籍の夫の欄には「○年○月○日妻○○と離婚の調停成立」、妻の欄には「○年○月○日夫××と離婚の調停成立」と記載されます。

　また、結婚時に氏を変更した人が離婚後に旧姓に戻るか（復氏）、それとも結婚中の氏を続けて使用するか（婚氏続称）、結婚前の戸籍に戻るか、それとも新しい戸籍を作るかなどについては、協議離婚の場合と同じ手続きを行います。

　また、本籍地に届け出る場合は調停調書の謄本を添付すればよいのですが、本籍地以外の役所へ離婚届を提出する場合は、調停調書の謄本以外に戸籍謄本も必要になります。

　調停調書の謄本は、調停成立後に、家庭裁判所にある交付申請書に必要事項を記入して提出すれば、手に入れることができます。謄本の用紙1枚につき150円の収入印紙が必要です。たとえば、調停調書が3ページ分ある場合は、450円（150円×3）の収入印紙が必要です。

■ 調停の手続き（離婚調停の場合）

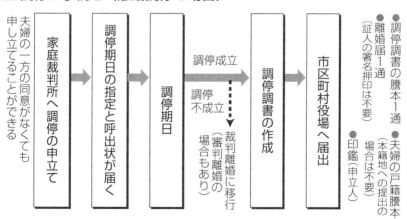

調停が不調に終わったときはどうする

調停不成立の場合は離婚訴訟の提起を検討する

● 調停が不成立に終わった場合

　調停期日での話し合いが効を奏せず、調停不成立に終わった場合には、調停不成立に対する不服申立てができないため、家庭裁判所に対して離婚訴訟を提起することになります。そして、離婚訴訟の判決により離婚を成立させることを裁判離婚といいます。

　なお、調停が不成立に終わっても、家庭裁判所が職権で（当事者の申立てがなくても）審判離婚を行うことで、当事者の離婚を成立させることがあります（142ページ）。しかし、審判離婚は2週間以内に即時抗告（不服申立て）をすると、審判の確定が遮断され、高等裁判所への審理に移行します。このような点から、審判離婚が行われるケースは非常に少ないため、調停が不成立に終わった場合は、離婚訴訟の提起を検討すべきことになります。

　離婚訴訟を提起するためには「調停不成立証明書」が必要ですから、離婚調停を行った家庭裁判所へ交付を申請します。後述するように、原則として、離婚調停を経なければ、離婚訴訟を提起することができないからです（調停前置主義）。

　離婚訴訟の第一審の管轄は家庭裁判所です。離婚に伴う子の親権者の指定、子の養育費、財産分与、慰謝料などの問題についても、離婚訴訟において、家庭裁判所調査官の調査を活用することにより、より適正な審理や裁判をすることができます。

　このように、離婚の調停が不成立となった場合には、調停を申し立てた家庭裁判所に対して、あらためて離婚訴訟を提起することを検討します。

◉ 離婚調停中にどちらかが死亡した場合

　調停中に当事者の一方が死亡した場合、原則として、死亡した当事者の地位を受け継ぐ資格のある人（相続人など）が、調停手続きを引き継ぎます。しかし、離婚調停の場合は、夫婦の一方の死亡によって夫婦関係が解消され、調停の目的を失うことから、離婚調停は当然に終了します。そして、夫婦は死別として扱われ、残された配偶者が財産を相続することになります。

　ただし、離婚そのものは有効に成立しており、離婚後の財産分与や慰謝料だけを目的とする調停の場合は、これらの請求権が財産権として相続人に受け継がれるため、申立人の相続人が調停手続きを引き継ぎます。調停を引き継ぐ人は、死亡者と自分の戸籍謄本を用意し、家庭裁判所に「受継の申立書」を提出します。

◉ 離婚調停を申し立てずに離婚訴訟になるケース

　離婚訴訟を起こす前提として、原則として、家庭裁判所での離婚調停を経ていることが必要です。離婚に関しては調停前置主義を採用しているからです。ただし、相手方が蒸発して何年も音沙汰がないなど、明らかに調停手続きができない場合には、その事情を付記して離婚訴訟を提起することができます。この場合は、提起する人の住所地にある家庭裁判所への提起でかまいません。

　たとえば、相手方が蒸発してどこに住んでいるのかもわからない場合、訴状を送達しても相手方に届きません（送達不能といいます）から、訴訟手続きを進めるのは不可能です。そこで、訴訟提起後に公示送達（裁判所の掲示板に訴状を貼り出す）の手続きがとられ、一定期間を経過した後、離婚判決が言い渡されることになります。なお、公示送達の段階で相手方の所在が判明した場合は、離婚調停に付されることになります。

この申立書の写しは，法律の定めるところにより，申立ての内容を知らせるため，相手方に送付されます。

受付印	夫婦関係等調整調停申立書 事件名（ 離婚 ）
	（この欄に申立て1件あたり収入印紙1,200円分を貼ってください。）
収入印紙 円 予納郵便切手 円	（貼った印紙に押印しないでください。）

○○ 家庭裁判所 御中 令和 ○年 ○月 ○日	申 立 人 （又は法定代理人など） の記名押印	佐 藤 綾 子 印

添付書類	（審理のために必要な場合は，追加書類の提出をお願いすることがあります。） □ 戸籍謄本（全部事項証明書） （内縁関係に関する申立ての場合は不要） □ （年金分割の申立てが含まれている場合）年金分割のための情報通知書 □	準口頭

申立人	本 籍 （国 籍）	（内縁関係に関する申立ての場合は，記入する必要はありません。） ○○ 都道(県)府 ○○市○○町○番地	
	住 所	〒○○○－○○○○ ○○県○○市○○町○丁目○番○号 （ 方）	
	フリガナ 氏 名	サトウ アヤコ 佐 藤 綾 子	大正 (昭和)平成 ○年 ○月 ○日生 （ ○○ 歳）
相手方	本 籍 （国 籍）	（内縁関係に関する申立ての場合は，記入する必要はありません。） ○○ 都道(県)府 ○○市○○町○番地	
	住 所	〒○○○－○○○○ ○○県○○市○○町○丁目○番○号 （ 方）	
	フリガナ 氏 名	サトウ タケシ 佐 藤 武 史	大正 (昭和)平成 ○年 ○月 ○日生 （ ○○ 歳）
対象となる子	住 所	□ 申立人と同居 ／ □ 相手方と同居 □ その他（ ）	平成 令和 年 月 日生 （ 歳）
	フリガナ 氏 名		
	住 所	□ 申立人と同居 ／ □ 相手方と同居 □ その他（ ）	平成 令和 年 月 日生 （ 歳）
	フリガナ 氏 名		
	住 所	□ 申立人と同居 ／ □ 相手方と同居 □ その他（ ）	平成 令和 年 月 日生 （ 歳）
	フリガナ 氏 名		

（注） 太枠の中だけ記入してください。対象となる子は，付随申立ての(1)，(2)又は(3)を選択したときのみ記入
してください。 □の部分は，該当するものにチェックしてください。

夫婦 （1/2）

この申立書の写しは，法律の定めるところにより，申立ての内容を知らせるため，相手方に送付されます。

※ 申立ての趣旨は，当てはまる番号（1 又は 2，付随申立てについては(1)～(7)）を○で囲んでください。
　　□の部分は，該当するものにチェックしてください。
☆ 付随申立ての(6)を選択したときは，年金分割のための情報通知書の写しをとり，別紙として添付してください（その写しも相手方に送付されます）。

申　立　て　の　趣　旨	
円　満　調　整	関　係　解　消
※ 1　申立人と相手方間の婚姻関係を円満に調整する。 2　申立人と相手方間の内縁関係を円満に調整する。	※ ① 申立人と相手方は離婚する。 2　申立人と相手方は内縁関係を解消する。 （付随申立て） (1)　未成年の子の親権者を次のように定める。 　　＿＿＿＿＿＿＿＿＿＿＿＿＿＿＿　については父。 　　**長女　夏美**　　　　　　　　については母。 ② （□申立人／☑相手方）と未成年の子＿＿＿＿＿＿ 　　が面会交流する時期，方法などにつき定める。 ③ （□申立人／☑相手方）は，子＿＿＿＿の養育費 　　として，1人当たり毎月（□金 **80,000** 円 ／ 　　□相当額）を支払う。 ④ 相手方は，申立人に財産分与として， 　　（☑金 **300万** 円 ／ □相当額 ）を支払う。 ⑤ 相手方は，申立人に慰謝料として， 　　（☑金 **100万** 円 ／ □相当額 ）を支払う。 ⑥ 申立人と相手方との間の別紙年金分割のための情 　　報通知書（☆）記載の情報に係る年金分割について 　　の請求すべき按分割合を， 　　（☑ 0．5 ／ □（＿＿＿＿＿＿＿＿））と定める。 (7)

申　立　て　の　理　由			
同　居　・　別　居　の　時　期			

同居を始めた日…昭和・平成・令和 ○年 ○月 ○日　　別居をした日…昭和・平成・令和 ○年 ○月 ○日

申　立　て　の　動　機			

※当てはまる番号を○で囲み，そのうち最も重要と思うものに◎を付けてください。

1　性格があわない	②　異性関係	③　暴力をふるう	④　酒を飲みすぎる
5　性的不調和	6　浪費する	7　病　気	
◎ 精神的に虐待する	9　家族をすててかえりみない	10　家族と折合いが悪い	
11　同居に応じない	⑫ 生活費を渡さない	13　そ　の　他	

夫婦（2/2）

書式 子の氏の変更許可申立書（15 歳未満）

受付印		**子 の 氏 の 変 更 許 可 申 立 書**
		（この欄に申立人1人について収入印紙 800 円分を貼ってください。）
収 入 印 紙 　　　　円		
予納郵便切手 　　　　円		（貼った印紙に押印しないでください。）

準口頭		関連事件番号　平成・令和　　年（家　　）第	号

東 京 家庭裁判所 御中 令和 ○年 ○月 ○日	申 立 人 15 歳未満の 場合は法定代 理人 の記名押印	○○○○法定代理人　親権者 母 ○ ○ ○ ○ 印

添付書類	（同じ書類は1通で足ります。審理のために必要な場合は，追加書類の提出をお願いすることがあります。） ☑申立人（子）の戸籍謄本（全部事項証明書）　☑父・母の戸籍謄本（全部事項証明書） □

申立人（子）	本 籍	神奈川 都道府**県** 　横浜市青葉区青葉台○番地		
	住 所	〒169 － 0075　　　　電話　03（××××）×××× 東京都新宿区高田馬場○丁目○番○号（　　　　　方）		
	フリガナ 氏 名	ヨシ ダ タク ヤ **吉 田 拓 哉**	昭和 **平成** 令和	○年 ○月 ○日生 （　　　　歳）
	本 籍 住 所	※ 上記申立人と同じ		
	フリガナ 氏 名		昭和 平成 令和	年 月 日生 （　　　　歳）
	本 籍 住 所	※ 上記申立人と同じ		
	フリガナ 氏 名		昭和 平成 令和	年 月 日生 （　　　　歳）

☆法定代理人 父・母 後見人	本 籍	神奈川 都道府**県** 川崎市川崎区中瀬○丁目○番地		
	住 所	〒　－　　　　　　電話　　（　　　） 上記申立人の住所に同じ （　　　　　方）		
	フリガナ 氏 名	カワ ダ ヨウ コ **河 田 洋 子**	フリガナ 氏 名	

（注）　太枠の中だけ記入してください。　※の部分は，各申立人の本籍及び住所が異なる場合はそれぞれ記入してください。　☆の部分は，申立人が15歳未満の場合に記入してください。

子の氏（1/2）

<table>
<tr><th colspan="3" align="center">申　立　て　の　趣　旨</th></tr>
<tr><td colspan="3">※
申立人の氏（　**吉田**　）を　①母　2　父　3　父母　の氏（　**河田**　）に変更することの許可を求める。</td></tr>
</table>

(注)　※の部分は，当てはまる番号を○で囲み，（　）内に具体的に記入してください。

<table>
<tr><th colspan="2" align="center">申　立　て　の　理　由</th></tr>
<tr><td colspan="2" align="center">父　・　⑩　と　氏　を　異　に　す　る　理　由</td></tr>
<tr><td colspan="2">※
① 父　母　の　離　婚　　　　5　父　の　認　知
2　父　・　母　の　婚　姻　　　6　父(母)死亡後，母(父)の復氏
3　父・母の養子縁組　　　　7　その他（　　　　　　　　　　　）
4　父・母の養子離縁
 （その年月日　　平成・令和　○年　○月　○日） </td></tr>
<tr><td colspan="2" align="center">申　立　て　の　動　機</td></tr>
<tr><td colspan="2">※
① 母との同居生活上の支障　　5　結　　　　　婚
2　父との同居生活上の支障　　6　その他
3　入　園　・　入　学
4　就　　　　　職</td></tr>
</table>

(注)　太枠の中だけ記入してください。　※の部分は，当てはまる番号を○で囲み，父・母と氏を異にする
　　理由の7，申立ての動機の6を選んだ場合には，（　　）内に具体的に記入してください。

子の氏 (2/2)

書式 親権者変更の調停申立書

この申立書の写しは，法律の定めるところにより，申立ての内容を知らせるため，相手方に送付されます。

| 受付印 | 家事 | ☑ 調停 | 申立書 | [親権者の変更] |
| | | ☐ 審判 | | |

（この欄に未成年者1人につき収入印紙1,200円分を貼ってください。）

| 収入印紙 円 |
| 予納郵便切手 円 |

（貼った印紙に押印しないでください。）

| 東京 家庭裁判所 御中 令和 ○ 年 4 月 8 日 | 申 立 人 （又は法定代理人など） の記名押印 | 大 野 久 美 子 ㊞ | 準 口 頭 |

| 添付書類 | （審理のために必要な場合は，追加書類の提出をお願いすることがあります。）
☑ 申立人の戸籍謄本（全部事項証明書）　　☑ 相手方の戸籍謄本（全部事項証明書）
☐ 未成年者の戸籍謄本（全部事項証明書）　　☐ |

申 立 人	本　籍 （国　籍）	東京 ㊞道府県 世田谷区××○丁目○番地
	住　所	〒 156 - 0000 東京都世田谷区××○丁目○番○号　（　　　　　方）
	フリガナ 氏　名	オオノ　クミコ 大 野 久 美 子	⦅昭和⦆平成 ○○年 6 月 21 日生 （　○○歳）

相 手 方	本　籍 （国　籍）	東京 ㊞道府県 豊島区××○丁目○番地
	住　所	〒 170 - 0000 東京都豊島区××○丁目○番○号　（　　　　　方）
	フリガナ 氏　名	ナカジマ　ヒロユキ 中 島 博 之	⦅昭和⦆平成 ○○年 9 月 16 日生 （　○○歳）

未 成 年 者	未成年者(ら) の本籍(国籍)	☐ 申立人と同じ　　☑ 相手方と同じ ☐ その他（　　　　　　　　　　　　　　　）
	住　所	☐ 申立人と同居　／　☑ 相手方と同居 ☐ その他（　　　）	⦅平成⦆令和 ○○年 8 月 7 日生
	フリガナ 氏　名	ナカジマ　ヤマト 中 島 大 和	（　5　歳）
	住　所	☐ 申立人と同居　／　☐ 相手方と同居 ☐ その他（　　　）	平成 令和 年 月 日生 （　　歳）
	フリガナ 氏　名		
	住　所	☐ 申立人と同居　／　☐ 相手方と同居 ☐ その他（　　　）	平成 令和 年 月 日生 （　　歳）
	フリガナ 氏　名		
	住　所	☐ 申立人と同居　／　☐ 相手方と同居 ☐ その他（　　　）	平成 令和 年 月 日生 （　　歳）
	フリガナ 氏　名		

（注）　太枠の中だけ記入してください。　☐の部分は，該当するものにチェックしてください。

親権者変更（1/2）

この申立書の写しは，法律の定めるところにより，申立ての内容を知らせるため，相手方に送付されます。

※ 申立ての趣旨は，当てはまる番号を○で囲んでください。
　□の部分は，該当するものにチェックしてください。

```
┌─────────────────────────────────────────────────────────┐
│           申　立　て　の　趣　旨                          │
├─────────────────────────────────────────────────────────┤
│ ※                                                       │
│ 1　未成年者の親権者を，（ ☑相手方 / □申立人 ）から（ ☑申立人 / □相手方 ） │
│ 　 に変更するとの（ ☑調停 / □審判 ）を求めます。          │
│                                                         │
│ （親権者死亡の場合）                                      │
│ 2　未成年者の親権者を，（ □亡父 / □亡母 ）              │
│ 　 氏名_____ │
│ 　 本籍_____ │
│ 　 から 申立人 に変更するとの 審判 を求めます。           │
└─────────────────────────────────────────────────────────┘
```

```
┌─────────────────────────────────────────────────────────┐
│           申　立　て　の　理　由                          │
├─────────────────────────────────────────────────────────┤
│         現 在 の 親 権 者 の 指 定 に つ い て            │
│ ☑ 離婚に伴い指定した。          その年月日 (平成)・令和○○年 5月15日 │
│ □ 親権者の変更又は指定を行った。  （裁判所での手続の場合）  │
│                              _____家庭裁判所（□支部/□出張所）│
│                              平成・令和___年（家_____）第_____号 │
├─────────────────────────────────────────────────────────┤
│      親 権 者 指 定 後 の 未 成 年 者 の 監 護 養 育 状 況 │
│ □ (平成)・令和○○年 5月15日から平成・(令和)○○年 4月8日まで │
│     □申立人 / ☑相手方 / □その他（_____）のもとで養育 │
│ □ 平成・令和___年___月___日から平成・令和___年___月___日まで │
│     □申立人 / □相手方 / □その他（_____）のもとで養育 │
│ □ 平成・令和___年___月___日から現在まで                  │
│     □申立人 / □相手方 / □その他（_____）のもとで養育 │
├─────────────────────────────────────────────────────────┤
│      親 権 者 の 変 更 に つ い て の 協 議 状 況          │
│ □ 協議ができている。                                     │
│ ☑ 協議を行ったが，まとまらなかった。                      │
│ □ 協議は行っていない。                                   │
├─────────────────────────────────────────────────────────┤
│      親 権 者 の 変 更 を 必 要 と す る 理 由            │
│ ☑ 現在，（☑申立人/□相手方）が同居・養育しており，変更しないと不便である。 │
│ □ 今後，（□申立人/□相手方）が同居・養育する予定である。   │
│ □ （□相手方/□未成年者）が親権者を変更することを望んでいる。 │
│ □ 親権者である相手方が行方不明である。（平成・令和___年___月頃から）│
│ □ 親権者が死亡した。（平成・令和___年___月___日死亡）     │
│ □ 相手方を親権者としておくことが未成年者の福祉上好ましくない。 │
│ □ その他（_____）     │
└─────────────────────────────────────────────────────────┘
```

親権者変更（2/2）

この申立書の写しは, 法律の定めるところにより, 申立ての内容を知らせるため, 相手方に送付されます。

受付印	家事　☑ 調停　申立書　子の監護に関する処分 　　　☐ 審判　　　　　（面会交流）
	（この欄に未成年者1人につき収入印紙1,200円分を貼ってください。）
収入印紙　　　　円 予納郵便切手　　円	（貼った印紙に押印しないでください。）

東京　家庭裁判所 　　　御中 令和 ○ 年 4 月 10 日	申 立 人 （又は法定代理人など） の 記 名 押 印	池田　尚宏　　印

添付書類	（審理のために必要な場合は, 追加書類の提出をお願いすることがあります。） ☐ 未成年者の戸籍謄本(全部事項証明書) ☐	準口頭

申立人	住　所	〒 135 - 0000 東京都江東区××○丁目○番○号（　　　　方）	
	フリガナ 氏　名	イケダ　ナオヒロ 池田　尚宏	昭和 平成 ○○年 4 月 18 日生 （　○○　歳）
相手方	住　所	〒 110 - 0000 東京都台東区××○丁目○番○号（　　　　方）	
	フリガナ 氏　名	アンドウ　マユミ 安藤　真由美	⦅昭和⦆ 平成 ○○年 11 月 15 日生 （　○○　歳）
未成年者	住　所	☐ 申立人と同居 ／ ☑ 相手方と同居 ☐ その他（　　　　）	⦅平成⦆ 令和 ○○年 10 月 17 日生 （　5　歳）
	フリガナ 氏　名	アンドウ　ユウト 安藤　悠斗	
	住　所	☐ 申立人と同居 ／ ☐ 相手方と同居 ☐ その他（　　　　）	平成 令和 年 月 日生 （　　歳）
	フリガナ 氏　名		
	住　所	☐ 申立人と同居 ／ ☐ 相手方と同居 ☐ その他（　　　　）	平成 令和 年 月 日生 （　　歳）
	フリガナ 氏　名		
	住　所	☐ 申立人と同居 ／ ☐ 相手方と同居 ☐ その他（　　　　）	平成 令和 年 月 日生 （　　歳）
	フリガナ 氏　名		

（注）　太枠の中だけ記入してください。　□の部分は, 該当するものにチェックしてください。

面会交流 （1/2）

164

この申立書の写しは，法律の定めるところにより，申立ての内容を知らせるため，相手方に送付されます。

（注）□の部分は，該当するものにチェックしてください。

<table>
<tr><td colspan="2">申　立　て　の　趣　旨</td></tr>
<tr><td colspan="2">（　☑申立人　／　□相手方　）と未成年者が面会交流する時期，方法などにつき
（　☑調停　／　□審判　）を求めます。</td></tr>
</table>

<table>
<tr><td colspan="2">申　立　て　の　理　由</td></tr>
<tr><td colspan="2" align="center">申　立　人　と　相　手　方　の　関　係</td></tr>
<tr><td>☑　離婚した。
□　父が未成年者＿＿＿＿＿＿を認知した。
□　婚姻中→監護者の指定の有無　□あり（□申立人　／　□相手方）　／　□なし</td><td>その年月日：平成・令和＿＿＿年＿＿月＿＿日</td></tr>
<tr><td colspan="2" align="center">未　成　年　者　の　親　権　者　（離　婚　等　に　よ　り　親　権　者　が　定　め　ら　れ　て　い　る　場　合）</td></tr>
<tr><td colspan="2">□　申立人　／　☑　相手方</td></tr>
<tr><td colspan="2" align="center">未　成　年　者　の　監　護　養　育　状　況</td></tr>
<tr><td colspan="2">□　平成・令和　　年　　月　　日から平成・令和　　年　　月　　日まで
　　　　　□申立人　／　□相手方　／　□その他（＿＿＿＿＿）のもとで養育
□　平成・令和　　年　　月　　日から平成・令和　　年　　月　　日まで
　　　　　□申立人　／　□相手方　／　□その他（＿＿＿＿＿）のもとで養育
☑　㊟成・令和○○年　8月10日から現在まで
　　　　　□申立人　／　☑相手方　／　□その他（＿＿＿＿＿）のもとで養育</td></tr>
<tr><td colspan="2" align="center">面　会　交　流　の　取　決　め　に　つ　い　て</td></tr>
<tr><td colspan="2">1　当事者間の面会交流に関する取決めの有無
　　☑あり（取り決めた年月日　㊟成・令和○○年　8月10日）　　□なし
2　1で「あり」の場合
（1）取決めの方法
　　□口頭　☑念書　□公正証書
　　□調停　□審判　□和解　□判決　→　＿＿＿＿家庭裁判所＿＿＿＿（□支部／□出張所）
　　　　　　　　　　　　　　　　　　平成・令和＿＿＿年（家　）第＿＿＿号
（2）取決めの内容
　　（＿＿＿＿＿＿＿＿＿＿＿＿＿＿＿）</td></tr>
<tr><td colspan="2" align="center">面　会　交　流　の　実　施　状　況</td></tr>
<tr><td colspan="2">□　実施されている。
☑　実施されていたが，実施されなくなった。（平成・令和○○年　8月＿＿日から）
□　これまで実施されたことはない。</td></tr>
<tr><td colspan="2" align="center">本　申　立　て　を　必　要　と　す　る　理　由</td></tr>
<tr><td colspan="2">□　相手方が面会交流の協議等に応じないため
☑　相手方と面会交流の協議を行っているがまとまらないため
□　相手方が面会交流の取決めのとおり実行しないため
□　その他（＿＿＿＿＿＿＿＿＿＿＿＿＿＿＿＿＿）</td></tr>
</table>

面会交流（2/2）

書式　養育費の調停申立書

この申立書の写しは，法律の定めるところにより，申立ての内容を知らせるため，相手方に送付されます。

受付印	家事 ☑ 調停　申立書　事件名　□ 審判

子の監護に関する処分
☑ 養育費請求
□ 養育費増額請求
□ 養育費減額請求

収入印紙	円
予納郵便切手	円

(この欄に子1人につき収入印紙1,200円分を貼ってください。)

(貼った印紙に押印しないでください。)

○○ 家庭裁判所 御中　令和 ○年 ○月 ○日	申立人 (又は法定代理人など) の記名押印	小島　歩美　印

添付書類	(審理のために必要な場合は，追加書類の提出をお願いすることがあります。) ☑ 子の戸籍謄本(全部事項証明書) ☑ 申立人の収入に関する資料(源泉徴収票，給与明細，確定申告書，非課税証明書の各写し等) □	準 口 頭

申立人	住所	〒○○○-○○○○ ○○県○○市○○町○丁目○番○号　(　　　方)	
	フリガナ 氏名	コジマ　アユミ 小島　歩美	昭和・平成 ○年○月○日生 (○○歳)
相手方	住所	〒○○○-○○○○ ○○県○○市○○町○丁目○番○号　(　　　方)	
	フリガナ 氏名	ヨシダ　ゲンタ 吉田　元太	昭和・平成 ○年○月○日生 (○○歳)

対象となる子	住所	☑ 申立人と同居　／　□ 相手方と同居 □ その他(　　　)	平成・令和 ○年○月○日生 (○○歳)
	フリガナ 氏名	コジマ　アイ 小島　愛	
	住所	□ 申立人と同居　／　□ 相手方と同居 □ その他(　　　)	平成・令和 年 月 日生 (　歳)
	フリガナ 氏名		
	住所	□ 申立人と同居　／　□ 相手方と同居 □ その他(　　　)	平成・令和 年 月 日生 (　歳)
	フリガナ 氏名		
	住所	□ 申立人と同居　／　□ 相手方と同居 □ その他(　　　)	平成・令和 年 月 日生 (　歳)
	フリガナ 氏名		

(注)　太枠の中だけ記入してください。　□の部分は，該当するものにチェックしてください。

養育費 (1/2)

166

この申立書の写しは，法律の定めるところにより，申立ての内容を知らせるため，相手方に送付されます。

※ 申立ての趣旨は，当てはまる番号を○で囲んでください。 □の部分は，該当するものにチェックしてください。

<table>
<tr><td colspan="2" align="center">申　立　て　の　趣　旨</td></tr>
</table>

（ ☑相手方 ／ □申立人 ）は，（ ☑申立人 ／ □相手方 ）に対し，子の養育費
として，次のとおり支払うとの（ ☑調停 ／ □審判 ）を求めます。
※ ① 1人当たり毎月 ☑ 金　　○○　　円 ／ □ 相当額 ）を支払う。
　　2 1人当たり毎月金＿＿＿＿＿＿円に増額して支払う。
　　3 1人当たり毎月金＿＿＿＿＿＿円に減額して支払う。

<table>
<tr><td colspan="2" align="center">申　立　て　の　理　由</td></tr>
<tr><td colspan="2" align="center">同　居　・　別　居　の　時　期</td></tr>
</table>

同居を始めた日・昭和・平成・令和○年○月○日　別居をした日・昭和・平成・令和○年○月○日

養　育　費　の　取　決　め　に　つ　い　て

1　当事者間の養育費に関する取決めの有無
　　□あり（取り決めた年月日：平成・令和　年　月　日）　☑なし
2　1で「あり」の場合
（1）取決めの種類
　　□口頭 □念書 □公正証書　｜＿＿＿＿＿家庭裁判所＿＿＿＿（□支部/□出張所）｜
　　□調停 □審判 □和解 □判決 →　｜平成・令和＿＿年（家＿＿）第＿＿＿＿号｜
（2）取決めの内容
　　（□相手方/□申立人）は，（□申立人/□相手方）に対し，平成・令和＿＿年＿＿月から
　　まで，子1人当たり毎月＿＿＿＿＿円を支払う。

養　育　費　の　支　払　状　況

□　現在，1人当たり1か月＿＿＿＿＿円が支払われている（支払っている）。
□　平成・令和＿＿年＿＿月まで1人当たり1か月＿＿＿＿＿円が支払われて（支払って）いたが，
　　その後（□＿＿＿＿円に減額された（減額した）。／□ 支払がない（支払っていない）。）
□　支払はあるが一定しない。
☑　これまで支払はない。

養育費の増額又は減額を必要とする事情（増額・減額の場合のみ記載してください。）

□　申立人の収入が減少した。　　　□　相手方の収入が増加した。
□　申立人が仕事を失った。
□　再婚や新たに子ができたことにより申立人の扶養家族に変動があった。
□　申立人自身・子にかかる費用（□学費 □医療費 □その他）が増加した。
□　子が相手方の再婚相手等と養子縁組した。
□　その他（＿＿＿＿＿＿＿＿＿＿＿＿＿＿＿＿＿＿＿＿＿＿＿＿＿＿＿）

養育費（2/2）

5 審判離婚の手続きについて知っておこう

調停不成立の場合に審判の手続きに移行する場合がある

● 審判離婚が行われるのは稀である

　離婚の調停が不成立になっても、家庭裁判所が職権で（独自の判断で）審判の手続きに移行させ、離婚の審判を言い渡す場合があります。これが審判離婚です。実務上、審判離婚が行われるのは稀ですが、主として以下の場合に行われる可能性があります。

① 　離婚の合意が成立しているのに、調停の相手方が、病気などの理由から調停期日に出頭できないか、行方不明などの理由から調停期日に出頭しなくなって、調停不成立になった場合

② 　離婚そのものには合意したが、財産分与の額などの細かい条件で意見の対立が解消せず、調停不成立になった場合

③ 　夫婦の一方が外国人で、帰国の日程が決まっている場合

　離婚の審判に不服がある場合、当事者は、審判の告知を受けた日から2週間以内に即時抗告（不服申立て）をすれば、審判の効力が遮断され、高等裁判所へと審理が移行します。

　なお、離婚に関しては、調停の手続きを経ることなく、直ちに審判の申立てをすることが、法律上は可能とされています。しかし、審判の申立てをしても、家庭裁判所が話し合いによって解決を図る方がよいと判断し、職権で調停の手続きに付し、調停による解決を試みるのが通常です。これを付調停といいます。

● 調停に代わる審判が行われる場合もある

　離婚の調停が不成立になっても、前述した審判の手続きに移行せずに、家庭裁判所が、調停委員の意見を聴いて、当事者双方の

ために衡平に考慮し、一切の事情を考慮して、職権で審判を言い渡す場合があります。これを「調停に代わる審判」といいます。

　調停に代わる審判が行われる可能性がある場合については、前述した審判離婚が行われる可能性がある場合と、基本的には共通していると考えてよいでしょう。

　そして、調停に代わる審判は、審判ではあるものの、調停手続きの一環として行われるため、前述した審判離婚と比較して、不服がある場合の手続きが異なります。

　具体的には、調停に代わる審判に不服がある場合、当事者は、審判の告知を受けた日から2週間以内に異議申立てをすれば、審判の効力が失われます。このとき、審判の効力が失われても、高等裁判所へと審理が移行するわけではないので、離婚をしたいのであれば、調停不成立の場合と同じく、家庭裁判所に対して離婚訴訟を提起することが必要です。これに対し、2週間以内に異議申立てをしなければ、審判が確定して離婚が成立します。

　こうして確定された審判には、確定判決と同様の効力が与えられます。この点は、審判離婚が確定した場合も同じです。そして、審判離婚の確定後も、調停に代わる審判の確定後も、役所へ離婚届を提出する必要があります。離婚届を提出する手続きについては、調停離婚の場合と同じですが、調停調書の謄本の代わりに、審判確定証明書と審判書の謄本が必要です。いずれも審判確定後、家庭裁判所に交付申請をすることで入手できます。

● 審判の手続きには原則として本人が出頭する

　審判の手続きの際は、調停の手続きの場合と同様に、双方の当事者が自ら出頭するのが原則です。審判の手続きは、単に本人の意思や事実関係を確認するだけではなく、当事者への尋問も行われるからです。さらに、証人を呼び出して尋問を行う他、事実関

係の調査や必要な証拠調べが行われます。

　なお、特に慰謝料や財産分与をめぐる紛争の場合は、弁護士が代理人として手続きを進め、本人が出頭する回数を減らすことも行われているようです。しかし、当事者への確認が必要とされる場合などは、家庭裁判所が本人を呼び出しますので、そのときは本人が出頭しなければなりません。

◉ 審判に不服がある場合は即時抗告をする

　審判に対して不服がある場合には、不服を申し立てることができます。これを即時抗告といいます。前述したように、即時抗告は、審判の告知があった日から2週間以内に行わなければなりません。期間内に即時抗告が行われると、審判の確定が遮断され、高等裁判所であらためて審理が行われます。

　なお、すべての審判に対して即時抗告ができるわけではありません。離婚については、財産分与、婚姻費用の分担、親権者の指定、子の監護（子の引渡し、面会交流、養育費など）、扶養などに関する審判に対して、即時抗告をすることができます。

◉ 審判にかかる費用と時間

　調停と同様に、審判も金銭的負担が軽いのが特徴です。審判申立書に貼付する収入印紙が1200円（別表第2に掲げる事項についての審判の場合）、申立時に家庭裁判所に予納する切手が1000円程度で、合計2200円程度で済むことが多いといえます。

　家庭裁判所調査官によって行われる通常の調査にも、費用はかかりませんから、特殊な鑑定などが必要な場合を除き、特別な費用がかかることはまずないでしょう。あるとすれば、財産分与などの対象となる財産の価格を鑑定する場合、具体的には、不動産価格の鑑定や、書画、骨董、宝石、特殊な有価証券などの専門的

な鑑定が必要になる場合です。しかし、財産の鑑定などは、必ず しも行わなければならないものではなく、だいたいの価格を当事 者でとり決めれば、鑑定の必要はありません。

　審判に費やされる時間は、一般的には数か月程度ですが、場合 によっては数年にわたることもあります。審判の申立てをしても 調停に回されれば、それなりの時間を要することになります。

◉ 調停や審判での弁護士依頼の費用と方法

　調停や審判の手続きについて弁護士に依頼するときは、弁護士 が用意する委任状に署名と押印（認印でも可）をします。弁護士 に支払う費用として、印紙代、交通費などの実費の他、一般的に 弁護士に事件の依頼をするときの手数料（着手金）と成功報酬な どがあります。審判がうまくいかす、自分の主張がまったく通ら なかった場合、成功報酬を支払う必要はありません。

■ 離婚に関する調停・審判の手続き ・・・・・・・・・・・・・・・・・・・・・・・・・・・

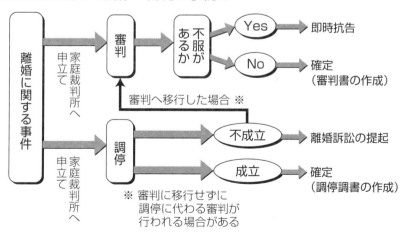

6 離婚訴訟の具体的な手続きを知っておこう

離婚訴訟で離婚が成立したときも離婚届を提出する

● 離婚訴訟は家庭裁判所に起こす

　離婚訴訟は、夫または妻の住所地にある家庭裁判所に提起します。ただし、公平性を欠くと裁判所が判断する場合は、たとえば、夫が自分の住所地の家庭裁判所に離婚訴訟を提起しても、妻の住所地の家庭裁判所へと事件が移送されることがあります。

● 訴状を裁判所に提出することで開始される

　訴訟の提起は、訴状を作成して裁判所に提出することからはじめます。これは離婚訴訟の場合も同じです。訴状には、当事者（原告・被告）の氏名・本籍地・住所、請求の趣旨（内容）、請求の原因を記載し、所定の収入印紙を貼って裁判所に提出します。

　訴状の提出が終わると、裁判所はこれを被告（訴えられた相手方）に送達し、法廷での審理が開かれる日（口頭弁論期日）を指定して、原告・被告両方を呼び出します。

　通常は、訴訟提起後約1か月から1か月半後に、第1回の口頭弁論期日が指定され、被告に訴状が送られます。裁判所は、被告からの答弁書の内容を見て、被告に離婚の条件などについて確認し、和解手続きを勧告することが多いようです。判決手続きへと進む前に、あらためて協議離婚のチャンスを与えるためです。

　和解手続きは、おおよそ2〜3週間に1回の期日で指定され、2〜3回話し合った上で和解成立の可能性があれば、さらに話し合いが進められます。一方、和解の可能性が低ければ、和解手続きは打ち切られ、判決手続きへと戻されます。判決が言い渡され

るのは、訴訟提起後10か月〜1年先になるのが一般的です。

　離婚裁判も、一般の民事訴訟と同じく、第三審まで上訴することができます。判決によって離婚は認められたが、親権者や財産分与の割合などについて自分の主張が認められなかった場合も、その部分について控訴することができます。

● 口頭弁論期日から判決までの流れについて

　法定での審理が開かれる日を「口頭弁論期日」といいます。第1回の口頭弁論期日の前に、被告は、訴状に反論する答弁書を作成し、裁判所に提出しておきます。

　第1回の口頭弁論期日では、原告は訴状を、被告は答弁書を陳述した後、証拠書類の提出などが行われます。その後、複数回にわたる口頭弁論期日において、本人（原告・被告）や証人の尋問などがあわせて行われた後、裁判所によって判決が言い渡されるという流れが一般的です。口頭弁論期日は本人の出頭が原則ですが、弁護士に委任しているときは、本人が口頭弁論期日に出頭しなくても審理が進められていきます。

　なお、夫婦間のプライバシーが明らかにされることも多いため、離婚訴訟は、本人尋問など一部の事項については、非公開で審理を行うこともあります。

● 本人尋問のための陳述書を作成する

　本人の陳述と証拠書類の提出に続いて、裁判官が本人尋問を行いますが、このとき、担当の裁判官は、あらかじめ提出された陳述書をもとに進めていきます。陳述書には「どのようにして結婚し、どのような結婚生活を送り、離婚訴訟の提起までにどのような事情があったのか」といった内容を、具体的に記載することが必要です。判決に際して陳述書は重要なポイントになります。事

実を隠していたり、嘘を記載していたりすれば、判決に大きく影響しますから、真実を隠さずに詳しく記載すべきです。自分で陳述書の原案を作成して弁護士に渡し、自分に有利な形で審理が進むよう相談しながら、チェックしてもらうとよいでしょう。

◉ 裁判離婚をしたときも離婚届をする

　離婚訴訟において離婚を認める判決が確定すると離婚が成立します。これが裁判離婚です。裁判離婚をした場合も、離婚届を提出する必要があります。もっとも、調停離婚や審判離婚の場合と同様、離婚届は報告的な意味合いのみをもちます。

　離婚届を提出するのは離婚訴訟の原告で、判決確定日から10日以内に、判決書の謄本と確定証明書と共に、届出人の本籍地もしくは住所地の役場へ提出します（住所地への提出の場合は届出人の戸籍謄本も必要です）。10日を経過すると３万円以下の過料を徴収される場合がある他、相手方（被告）も離婚届を提出できるようになります。調停離婚や審判離婚と同様に、届出をしない側の署名押印や、証人２人の署名押印は必要ありません。

◉ 裁判離婚後の戸籍はどうなる

　裁判離婚の届出をすると、戸籍の夫の欄には「令和○年○月○日妻○○と離婚の裁判確定」、妻の欄にも「令和○年○月○日夫××と離婚の裁判確定」と記載されます。

　そして、協議離婚や調停離婚と同様に、結婚時に氏を変更した人が、結婚前の氏に戻って婚姻前の戸籍に戻るのか、婚姻前の氏に戻った上で新戸籍を作るか、あるいは離婚の際の氏を称する届出（婚氏続称の届出）をした上で新戸籍を作るかを選びます。婚氏続称の届出の期限は、判決確定の日から３か月以内です。

書式　離婚訴訟の訴状

訴　　状

事件名　離　婚　　　　請求事件	訴訟物の価額	円
	貼用印紙額	円
	予納郵便切手	円
	貼用印紙　裏面貼付のとおり	

東　　京　家庭裁判所
　　　　　　　　御 中　　原告の記名押印　　**加 藤 良 子**　㊞
令和 ○ 年 5 月 10 日

原告	本　籍	東京 ⓣ府県 新宿区北新宿○丁目○番	
	住　所	〒○○○-△△△△ 電話番号 03（××××）×××× ﾌｧｸｼﾐﾘ 03（××××）×××× 東京都新宿区北新宿○丁目○番○号（　　　　　方）	
	フリガナ 氏　名	カ　トウ　ヨシ　コ **加 藤 良 子**	
	送達場所 等の届出	原告に対する書類の送達は，次の場所に宛てて行ってください。 ☐ 上記住所 ☐ 勤務先（勤務先の名称　　　　　　　　　　　　　　　　） 　　〒　　　-　　　　電話番号　（　　　） 　　住　所 ☑ その他の場所（原告又は送達受取人との関係　　**実　家**　） 　　〒○○○-○○○○ 電話番号　03（××××）×××× 　　住　所 　　**東京都渋谷区宇田川町○丁目○番○号** ☐ 原告に対する書類の送達は，上記の届出場所へ，次の人に宛てて行ってください。 　　氏　名　　　　　　　　（原告との関係　　　　　　　　）	
被告	本　籍	原告と同じ	
	住　所	〒○○○-○○○○ 電話番号　03（××××）×××× ﾌｧｸｼﾐﾘ 03（××××）×××× 東京都新宿区北新宿○丁目○番○号　（　　　　　方）	
	フリガナ 氏　名	カ　トウ　ユキ　オ **加 藤 幸 男**	
添 付 書 類	☑ 戸籍謄本（甲第　　号証）　　☑ 年金分割のための情報通知書（甲第　　号証） ☑ 甲第 1 号証 ～ 第 3 号証　☐ 証拠説明書　☐ 調停が終了したことの証明書 ☐ 証拠申出書　☐		
夫婦関係の形成又は存否 の確認を目的とする 係属中の事件の表示	裁判所　　　　　／令和　　年（　　）第　　　　　号 事件名　　　　　事件 ／ 原告　　　　　　　被告		

（注）　太枠の中だけ記入してください。　☐の部分は，該当するものにチェックしてください。

離婚（ 1 ページ ）

請　求　及　び　申　立　て　の　趣　旨

原告と被告とを離婚する。

（親権者の指定）

☑ 原告と被告間の ^{続柄}長男 ^名太　郎（☑平成／□令和○○年 5 月 5 日生）, 次男　吾　郎（☑平成○○年11月11日生）,

_____ -------（□平成／□令和　年　月　日生）　　　の親権者を☑原告 □被告と定める。

□

（慰謝料）

☑ 被告は，原告に対し，次の金員を支払え。

　　☑ 金 ___○○○万___ 円

　　☑ 上記金員に対する 離婚判決確定の日の翌日 から支払済みまで年 _3_ 分の割合による金員

（財産分与）

☑ 被告は，原告に対し，次の金員を支払え。

　　☑ 金 ___○○○万___ 円

　　☑ 上記金員に対する離婚判決確定の日の翌日から支払済みまで年 _3_ 分の割合による金員

□

□

（養育費）

☑ 被告は，原告に対し， 令和○年○月 から ^{続柄}長男 ^名太郎, 次男　吾郎 _____

　 が _成年に達する月_ まで，毎月 末 日限り，子一人につき金 ○ 万 円ずつ支払え。

（年金分割）

☑ 原告と被告との間の別紙 _1_ （年金分割のための情報通知書）記載の情報に係る年金分割についての

　 請求すべき按分割合を，☑ 0 . 5 □（　　　）と定める。

☑

訴訟費用は被告の負担とする。

との判決（☑及び慰謝料につき仮執行宣言）を求める。

請　求　の　原　因　等

1 (1) 原告と被告は，□昭和 ☑平成 □令和 ○○ 年 8 月 8 日に婚姻の届出をしました。

　(2) 原告と被告間の未成年の子は，□いません。☑次のとおりです。

^{続柄}	^名	^{年齢}	^{生年月日}
長男	太郎	8 歳	☑平成／□令和○○年 5 月 5 日生
次男	吾郎	6 歳	☑平成／□令和○○年 11 月 11 日生
		歳	□平成／□令和　年　月　日生

2 〔調停前置〕

　夫婦関係に関する調停を

☑ しました。

　　事件番号 東 京 家庭裁判所 _____ 令和 ○ 年 （家イ）第 ○○○ 号

　　結　果 令和 ○ 年 4 月 30 日 ☑不成立 □取下げ □（　　　　　　　）

　　理　由 ☑被告が離婚に応じない □その他（　　　　　　　　）

　　　　　　□条件が合わない（　　　　　　　　）

□ していません。

　　理　由 □被告が所在不明

　　　　　　□その他（　　　　　　　　）

3 〔離婚の原因〕

　　次の事由があるので，原告は，被告に対して，離婚を求めます。

　　☑ 被告の不貞行為　　　□ 被告の悪意の遺棄　　　□ 被告の生死が３年以上不明

　　□ 被告が強度の精神病で回復の見込みがない　　☑ その他婚姻を継続し難い重大な事由

　　その具体的な内容は次のとおりです。

（注）　太枠の中だけ記入してください。　□の部分は，該当するものにチェックしてください。

離婚 （ 2 ページ ）

（1）不貞行為について

　　被告は平成○年春頃から、職場の同僚である田中恭子（以下「田中」）と親しくなり、外泊がちになりました。

（2）婚姻を継続し難い重大な事由について

　　被告は、昨年の秋から田中と同棲しており、原告が子どものためにもやり直そうと被告に訴えても、一向に聞いてくれません。

　　以上のような事情で、これ以上婚姻を継続することは困難と考えます。

4〔子の親権者について〕

　　被告は仕事で帰宅も遅く愛人である田中との生活におぼれているので、2人の子供を養育できる状態にありません。原告の実家が原告と2人の子供を引き取ることを申し出ています。

　　したがって、長男太郎と次男吾郎の親権者は、原告の方が適しています。

5〔慰謝料について〕

　　原告は家事と育児に一生懸命努力してきましたが、被告の不貞行為によって崩壊し、離婚せざるをえなくなったため、精神的苦痛を受けました。原告の精神的苦痛に対する慰謝料は、金○○○万円が相当です。

　　したがって、金○○○万円及びこれに対する離婚判決確定の日の翌日から支払済みまで民法所定の年3分の割合による遅延損害金を求めます。

6〔財産分与について〕

　　夫婦の財産は、○○銀行○○支店の預金○○○万円（甲○号証）などです。

　　したがって、財産分与として、金○○○万円及びこれに対する離婚判決確定の日の翌日から支払済みまで年3分の割合による遅延損害金を求めます。

7〔養育費について〕

　　原告の収入が月約○○万円であるのに対して（甲○号証）、被告の収入は月約○○万円です（甲○号証）。養育費として、平成○○年○月から子が成年に達する月まで1人につき月○万円を求めます。

8〔年金分割について〕

　　原告と被告の離婚時年金分割に係る第一号改定者及び第二号改定者の別、対象期間、按分割合の範囲は、別紙1のとおりです。

9〔まとめ〕

　　よって、請求及び申立ての趣旨記載の判決を求めます。

（　3 ページ　）

離婚訴訟で離婚事由を証明するにはどうしたらよいか

法定離婚事由にあたる事実を積み上げることが必要である

◉ 事実を証明しなければ訴訟では勝てない

　離婚訴訟においては、相手方に離婚に至る直接的な責任があること、つまり後述する法定離婚事由があることを裁判所に認めてもらうため、これを証拠となる事実をもって証明しなければなりません。それでは、法定離婚事由があることを証明するためには、どのような証拠が必要なのでしょうか。

　たとえば、後述する法定離婚事由のひとつである「悪意の遺棄」とは、夫婦の一方が同居・扶助・協力の義務を尽くさないことが非難に値するような場合を指します。そして、「悪意の遺棄」があることについては、夫が家族を捨てて自宅から出て行き、生活費も入れないという事実を主張して証明すればよく、夫が借りているアパートまでを調べる必要はないでしょう。

　また、配偶者への暴力（DV）や子への虐待といった「婚姻を継続しがたい重大な事由」については、医師の診断があれば、負傷の程度にかかわらず、その事実の証明ができるでしょう。

　争われることが多い「不貞行為」については、たとえば、他人とラブホテルに入ったことが確認できれば、かなり強い証拠になりますが、探偵事務所などに依頼して尾行調査しても、不貞行為の証拠を突き止めることが難しいケースもあります。

◉ 離婚訴訟の提起には法定離婚事由が必要

　離婚訴訟で離婚を認めてもらうためには、民法が定めた離婚事由が必要で、これを法定離婚事由といいます。法定離婚事由は次

ページ図で掲げる5つです。ただし、①～④の事由に該当しても「一切の事情を考慮して婚姻継続を相当と認めるとき」は、裁判所が離婚を認めない場合があり、これを裁量棄却といいます。⑤の事由については裁量棄却が認められていません。

そして、⑤の「婚姻を継続しがたい重大な事由」とは、①～④の事由には該当しないが、夫婦生活が修復不可能な程度にまで破たんしている場合を指します。前述した配偶者への暴力（DV）、子への虐待以外にも、性格の不一致、親族との不仲、信仰の違いなど、さまざまなケースが考えられます。

このように「婚姻を継続しがたい重大な事由」の内容は幅広いので、さまざまな事情を考慮した結果、愛情が冷めてしまい、円満な夫婦生活を継続できなくなった場合には、⑤の事由を根拠として離婚訴訟を提起することになります。そして、「夫婦生活がすでに破たんしていて継続させても無意味である」という事実を裁判所が認めると、「婚姻を継続しがたい重大な事由」を理由に離婚を認める判決が言い渡されます。

● 「夫婦生活が破たんしている」と認められる場合

⑤の「婚姻を継続しがたい重大な事由」を理由に離婚を認めるか否かを判断する際、「修復不可能な程度まで夫婦生活（婚姻関係）が破たんしている」ことについては、客観的な基準はなく、判決を言い渡す裁判官の判断に委ねられています。

単に「夫婦生活が破たんしている」と主張するだけでは、裁判所が離婚を認めることはまずないでしょう。しかし、離婚訴訟に至る夫婦には深刻な事情があるわけですから、夫婦生活の破たんに至った具体的な事実について、その証拠を提出するなどして主張し、修復不可能な程度まで破たんしていることを、裁判所に認めてもらうことが必要です。

■ 法定離婚事由とその内容 ⋯⋯⋯⋯⋯⋯⋯⋯⋯⋯⋯⋯⋯⋯⋯⋯⋯⋯

①不貞行為があったとき	・不貞行為とは、自由な意思に基づいて、配偶者以外の人と肉体関係をもつこと。 ・不貞行為の相手方は、特定の者であるか、不特定の者であるかを問わない。 ・不貞行為は自由意思に基づくものなので、レイプをしたことは不貞行為になるのに対し、レイプを受けたことは不貞行為にならない。
②悪意で遺棄したとき	・悪意の遺棄とは、夫婦の一方が同居義務、協力義務、扶助義務といった夫婦の義務を尽くさないことが非難に値する場合をいう。 ・愛人のもとに入りびたって帰ってこない、実家に戻ったまま帰ってこない（DVや子の虐待から逃れるための場合は除く）など、故意に夫婦の義務を怠っている場合である。
③3年以上の生死不明	・生死不明とは、生存も死亡も確認できないこと。 ・最後の音信より3年経過した時点から法定離婚事由として認められる。 ・生死不明の場合は別に失踪宣告の制度がある。これは7年間生死不明の人を家庭裁判所の宣告によって法律上死亡したものとする制度である。
④回復の見込みのない強度の精神病	・回復の見込みのない強度の精神病とは、夫婦の義務が果たせない程度に不治の精神病のこと。 ・最高裁判所は「今後の療養、生活などについて具体的な方策を講じ、ある程度において前途に見込みがついた上でなければ」、④を理由とする離婚は認められないとしている。
⑤婚姻を継続しがたい重大な事由	・婚姻を継続しがたい重大な事由とは、①～④の離婚事由がなくても、夫婦生活が修復不可能な程度にまで破たんし、婚姻を継続させることができないと考えられる場合をいう。 ・性格の不一致、親族との不仲、暴力や虐待、常軌を逸した異常な性関係などが⑤にあたる。

Q 妻は新興宗教の布教活動に飛び回り、家事や育児はそっちのけです。これが離婚訴訟での法定離婚理由になるのでしょうか。

A 離婚訴訟を起こすには、民法で定められた法定離婚事由が必要です。法定離婚事由には前ページの図の①～⑤の５つが挙げられます。⑤の「婚姻を継続しがたい重大な事由」とは、①～④の事由にはあたらないが、夫婦関係が回復できない程度にまで破たんしている場合です。

　本ケースでは、妻の布教活動によって、夫婦の愛情が冷めきってしまい、夫婦関係が修復不可能な程度まで破たんしていると裁判所が認めると、離婚訴訟において離婚が認められます。また、家事や育児の放棄が②の「悪意で遺棄」にあたると判断して、裁判所が離婚を認める可能性もあります。

Q 私は病気が原因で子が産めません。夫と愛人の間に子ができて別居状態です。生活費はもらっていますが、どうすればよいのでしょうか。

A まず、自分が妻としてどうしたいのかを決める必要があります。夫は貞操を守る、同居し協力して生活する、という夫婦としての義務を果たしていないわけですから、妻の気持ち次第で、離婚を選択することも、愛人と別れて自宅に戻るよう要求するのを選択することもできます。離婚を選択する場合には、相応の慰謝料や財産分与を請求することもできます。子が産めないことに負い目を感じていても、それが夫から離婚を要求されたり、愛人

を作ったりしてもよいという理由にはなりません。

　一方、妻が離婚を望まないのであれば、婚姻関係を継続することができます。もし夫が離婚訴訟を提起してきたとしても、夫のような有責配偶者（離婚の直接的な原因を作出した者）からの離婚の請求は、原則として裁判所は認めません。

　ただし、別居期間が長期化し、夫婦間に未成年の子がおらず、離婚後の相手方の経済面を保証するといった条件がそろった場合には、有責配偶者からの離婚の請求を裁判所が認める可能性があります。夫婦間での話し合いができない状況であれば、家庭裁判所に調停を申し立てるなどして、最善の方法を探しましょう。夫婦間の調停といえば、離婚調停が有名ですが、夫婦関係を回復させる目的で調停を申し立てることもできます。このような調停を裁判所では「夫婦関係調整調停（円満）」と呼んでいます。

Q 夫が出会い系アプリで知り合った女性とメッセージを交換しているのを見つけました。絶対に離婚したいのですが、夫は反対しています。

A 夫婦間の話し合いがまとまれば、協議離婚や調停離婚を行うことができます。しかし、相手方が離婚を拒否していると協議離婚や調停離婚ができません。その場合は、離婚訴訟を提起することになりますが、裁判所は、法定離婚事由がなければ離婚を認めてくれません。もっとも、相手方の不貞行為は法定離婚事由のひとつですが、不貞行為に該当するのは、自らの意思で配偶者以外と肉体関係をもった場合です。したがって、女性とメッセージを交換しているだけでは不貞行為に該当しません。

　そして、本ケースでは、婚姻関係が破たんしているとまではい

えないと思われますので、離婚訴訟に至っても裁判所が離婚を認める可能性は低いでしょう。不貞行為に該当しない現段階では、まず話し合いで夫の態度を改めさせることが求められます。

Q 1回だけ女性と肉体関係を持ってしまいました。妻は「浮気したら離婚する」と公言しています。発覚したら離婚しなければなりませんか。

A 妻が公言しているとおりに離婚を請求し、あなたが離婚に応じるのであれば、離婚は成立します。肉体関係が1回だけでも、不貞行為であり、婚姻を継続しがたい重大な事由があります。仮に性交渉がなくとも、親密な関係を続けた場合は、不貞行為はなくとも、婚姻を継続しがたい重大な事由があるといえます。それは風俗の場合も同じです。裁判所は、貞操義務に関しては、非常に厳しい態度で臨んでいます。

もしどうしても離婚したくない場合は、誠意をもって妻に謝罪して許しを請うしかないでしょう。

Q 一度は夫の浮気を許しましたが、その後に許せない気持ちが増幅して離婚を決意しました。しかし、夫は、私が過去に浮気を許した事実を盾にして離婚に応じません。裁判所は離婚を認めてくれるのでしょうか。

A 過去の浮気も法定離婚事由のひとつである「不貞行為」に該当しますから、これを理由に裁判所が離婚を認めないわけではありません。しかし、調停が成立せずに離婚訴訟を提起して争う

ことになった場合、裁判所は、主として「現在」法定離婚理由が
あるかどうかを問題とします。過去に夫がどのような状況で浮気
をしたのか、その後どのように関係を修復したのか、などについ
ても尋問を受けますが、それは過去の事実が現在の夫婦関係にど
のような影響を及ぼしているのかを知るためです。したがって、
あなたが求めている通りに裁判所が離婚を認めるとは限りません。

　過去の不貞行為が10年以上前であれば、原則として、その不貞
行為が離婚原因になる可能性は減少します。これに対し、5年以
内であれば、その不貞行為が離婚原因に該当する可能性は高くな
ります。

　ただ、これも、何年ならいいなどの数字で割り切れる問題では
なく、過去の不貞行為が、今回の離婚請求に、どのような影響を
与えているか、個々的に判断されます。

Q 妻と性格がまったく合わないため離婚したいのですが、
妻が頑なに拒否しており、調停も不成立でした。裁判所に
訴えて離婚することは難しいのでしょうか。

A　性格の不一致は、法定離婚事由のひとつである「婚姻を継
続しがたい重大な事由」として認められる場合があります。しか
し、夫婦といえども、生まれ育った環境がまったく異なるのです
から、性格や生活様式などが違うのは当然でしょう。したがって、
違いがある部分は話し合って、互いに譲れる部分は譲り合いなが
ら、夫婦として共同生活を維持していく努力が必要です。その努
力をすることもなく、性格が合わないという理由だけで離婚訴訟
を提起しても、裁判所は「婚姻を継続しがたい重大な事由があ
る」とは認めないでしょう。

しかし、性格の不一致を理由として別居に至った場合は、その別居が離婚原因となる場合があります。どの程度別居したら離婚できるかですが、その期間は、主に、同居期間との対比を中心とし、相手方配偶者の経済力、子供の有無なども考慮して決めます。

　婚姻して間もなく別居した、短期間で別居したということは、二人の性格が根本的に合わないということですから、短期の別居で離婚が認められる可能性が高くなります。しかし、すでに子供がいて、離婚すると相手方を母子家庭にするなど、相手の経済力がないとなると、ある程度の別居期間が必要になります。

　これに対し、相当期間同居していた場合などは、やはり相当期間（３～５年）の別居期間が必要となりますが、これも、子供の有無、相手方の経済力とも絡んできて、何年の別居であれば成立とは、一概にいえません。

　もっとも、性格の不一致が、主に相手方の異常とも思える言動に由来するときは、短期の別居でも、離婚が認められます。

Q 夫から「愛人と結婚するために離婚したい」と言われました。私は納得できないのですが、離婚に応じなければなりませんか。

A 　夫婦のうち離婚の直接的な原因を作出した人のことを「有責配偶者」といいます。本ケースのように、夫の浮気が離婚の主たる原因である場合には、夫が有責配偶者となります。

　このような有責配偶者からの離婚請求について、協議離婚もしくは調停離婚であれば、離婚が成立します。有責配偶者からの離婚請求であっても、離婚について当事者が合意に至れば、離婚が成立するわけです。一方、合意に至らなかった場合には、家庭裁

判所に離婚訴訟を提起することになります。

　裁判所は、有責配偶者からの離婚請求を、原則として認めませんが、夫婦関係が回復の見込みのまったくない状態に至った（完全に破たんした）場合には、例外的に認める余地があるという立場を採用しています。実質的には完全に破たんしている夫婦が戸籍上だけ夫婦関係を保っていても、本人にも周囲の人間にも何の利益にもならない、という判断によるものです。

　しかし、夫婦関係の破たんについて責任のない配偶者が離婚に反対しているにもかかわらず、すぐに有責配偶者からの離婚請求を認めることはなく、一定の条件を満たすことが必要とされています。裁判所において「一定の条件」にあてはまると認められた例として、次のようなものが挙げられます。

① 　有責配偶者による行為（不貞行為など）と夫婦関係の完全な破たんとの間に因果関係が認められない場合

② 　双方に夫婦関係の完全な破たんについて同じ程度の責任がある場合

③ 　夫婦の別居期間が相当長期に及び、かつ、未成熟の子が存在せず、離婚を認めても、相手方を経済的に破たんさせない場合

　たとえば、本ケースのように夫が愛人を作り、愛人と結婚したいために離婚したいというケースでは、夫からの離婚請求は原則として認められません。

　しかし、①夫に愛人ができたのが、夫婦関係が完全に破たんしていると判断される時期だった、②妻が夫に対して継続的に暴力をふるう（DV）、妻に浪費癖があり家族を経済的に困窮させるなど、夫婦生活を完全に破たんさせる原因が妻の側にも十分にあった、③別居期間が10年前後に及び、未成熟の子も存在しない、といった状況が確認されれば、有責配偶者である夫の離婚請求が認められる可能性があります。

一方、夫婦の双方に離婚原因が認められるケースもあります。たとえば、夫が妻と別居した後、愛人との同棲生活を始め、愛人に子ができたので離婚してほしいと言ってきたが、夫婦の別居の原因が妻の浮気にあるような場合です。

　この場合、夫は有責配偶者ですが、妻も浮気をしていたという事情がありますから、夫からの離婚請求が認められる可能性は高いでしょう。ただ、妻の浮気が1回限りで、その後は妻が夫婦関係を修復するための努力をしていると認められた場合には、夫からの離婚請求が認められないこともあります。

　いずれにせよ、夫からの離婚請求に納得できないのであれば、すぐに離婚に応じる必要はありません。夫婦間で話し合いを行い、合意に至らなければ、調停・訴訟の手続きを通じて裁判所の力を借りることを検討するのがよいでしょう。

Q 妻が認知症を患っています。最近は夫である私のことも認識できなくなり精神的に辛いので、離婚したいのですが可能でしょうか。

A 　認知症を患うと、その進行によって本人の真意を確かめることが難しくなっていくことに伴い、協議離婚や調停離婚をすることも難しくなっていきます。そのため、認知症である配偶者の真意を確かめることができない状況で、どうしても離婚したいときは、離婚訴訟を提起することが必要です。この場合、法定離婚事由のうち「配偶者が強度の精神病にかかり、回復の見込みがないとき」もしくは「その他婚姻を継続し難い重大な事由があるとき」に該当するかどうかが争点となります。

　認知症かどうかの診断は医師がするもので、本当に回復の見込

みがないかどうかも、簡単に判断できるものではありません。したがって、配偶者が認知症で入院したなどの理由のみで離婚請求をしても、裁判所が離婚を認めることはまずないといってよいでしょう。また、配偶者の認知症が「強度で回復の見込みがない精神病」であると判断されても、裁判所は、婚姻継続を相当と判断して離婚を認めないことができます（裁量棄却）。そこで、離婚後の療養や生活などについて具体的な方策を講じ、ある程度において、配偶者の生活の見込みがついた場合でないと、「強度で回復の見込みがない精神病」を理由とする離婚を認めないとするのが最高裁判所の考え方です。

　しかし、「強度で回復の見込みがない精神病」を理由とする離婚が認められないとしても、夫婦に「婚姻を継続しがたい重大な事由」が生じていれば、その事由によって離婚が認められる可能性があります。

Q うつ病の妻を5年間看病してきましたが、回復の兆しが見えず、私も疲れ果ててしまいました。病気は離婚の理由として認められますか。

A 　夫婦間の合意によって離婚が成立する協議離婚や調停離婚であれば、離婚の理由は問いません。しかし、合意が成立しないのであれば、離婚訴訟を提起することになります。そして、裁判所に離婚を認めてもらう（裁判離婚）ためには、法定離婚事由（180ページ）が存在していることが必要です。つまり、法定離婚事由に該当しなければ、裁判所は離婚を認めません。

　本ケースの場合、妻のうつ病が「重度の精神病で回復の見込みがないこと」という法定離婚事由に該当するかどうかが問題とな

ります。この点について、裁判所は、この法定離婚事由による離婚を認めないと判断する傾向にあります。病気にかかるのは本人の責任ではなく、離婚の責任を病人に負わせるのは酷であるとの考え方によるものです。この法定離婚事由を理由とした離婚が認められるためには、前述したように、離婚後の療養や生活などについて具体的な方策を講じ、ある程度において、配偶者の生活の見込みをつけることが必要です（前ページ）。「具体的な方策」としては、継続的な金銭的援助を約束することや、生活保護を受給できる措置を講じることなどが挙げられます。

　本ケースの場合、妻のうつ病を理由とする裁判離婚は難しいといえるでしょう。どうしても離婚を望むのであれば、離婚後における妻の療養や生活について具体的な方策を講じるか、うつ病以外の「婚姻を継続しがたい重大な事由」を併せて主張し、離婚訴訟に臨むしかありません。

Q 私の浮気が原因で別居した後、夫と愛人との間に子が生まれ、夫から離婚を切り出されました。私は離婚の求めに応じなければなりませんか。

A 　離婚訴訟の提起による有責配偶者からの離婚請求は、原則として認められませんが、一定の条件を満たす場合には、裁判所が離婚を認めたり、離婚に向けた和解を勧める可能性があります。

　まず、双方に夫婦関係の完全な破たんについて同じ程度の責任がある場合です。つまり、離婚を請求された相手方も法定離婚事由にあてはまる場合です。

　本ケースでは妻も浮気をしていますから、妻も法定離婚事由のひとつである「不貞行為」にあてはまり、夫の離婚請求が認めら

れる可能性があります。ただし、妻の浮気が１回限りで、その後は夫婦関係の修復に向けた努力をしているのであれば、離婚請求が認められないこともあります。

　一方、離婚を請求された相手方に何の責任もなくても、有責配偶者からの離婚請求が認められることがあります。それは、夫婦の別居期間が相当に長期間（10年前後が目安です）に及び、かつ、未成熟の子が存在しない場合です。実質的には完全に破たんしている夫婦が戸籍上だけ婚姻関係を保っていても、本人にも周囲の人にも何の利益にもならないという判断によるものです。これに加えて、有責配偶者が経済的な面で相手方への配慮を約束するのであれば、有責配偶者からの離婚請求を認める判決がなされたり、離婚に向けた和解を勧められたりする可能性が高いでしょう。

Q 夫が息子に対して虐待を繰り返すので離婚したいのですが、裁判所は認めてくれるのでしょうか。

A 　たとえば、夫が「しつけのため」と称し、息子に対して過度に厳しく接している場合、夫には悪いことをしている自覚がない可能性があります。夫が、しつけとして虐待を繰り返す場合、いくら、夫が子供のためと思っていても、離婚原因になります。

　もっとも、離婚請求の前に、夫に自分の行為を自覚してもらうことも必要です。まず夫婦で話し合いをし、それでも夫が虐待をやめない場合には、児童相談所（児童相談所虐待対応ダイヤル「189」にかけると居住地の児童相談所につながります）、子どもの人権110番（0120-007-110）などに相談し、息子の一時保護や家族全員でのカウンセリングを受けることも考えてみましょう。

　さらに、話し合いの場として、家庭裁判所に「夫婦関係調整調

停（円満）」を申し立てるのも1つの方法です。調停が「虐待を
やめるように」という内容で成立し、夫が態度の改善を約束した
にもかかわらず、その後も虐待が続くようであれば、法定離婚理
由のひとつである「婚姻を継続しがたい重大な事由」を理由とし
て離婚訴訟を提起し、裁判所に離婚を認めてもらうことを検討し
ます。

Q 夫婦間では離婚の合意に至ったのですが、娘が反対して
います。娘が同意しないと離婚できないのでしょうか。

A 子のために離婚を考えるケースもあれば、逆に、子のため
に離婚を思いとどまるケースもあります。後者の例が、子が明確
に離婚に反対している場合です。子の反対が離婚を思いとどまる
動機になることは多いのですが、法律上は離婚について子の反対
が障害になることはありません。特に協議離婚は、夫婦に離婚の
意思があって、娘が未成年の場合は親権者となる人を決めて、離
婚届が役所で受理されれば成立します。

　ただ、夫婦に未成年の子がいる場合、夫婦は父母として協力し
て子どもを養育する義務を負います。離婚に際して親権を持たな
くなったとしても、この義務を免れるわけではありません。

　そして、子が離婚に反対しているのであれば、子の思いを汲ん
で、なぜ離婚に反対するのかを聞いてみましょう。その上で、子
の反対を押し切っても夫婦が離婚しなければならない理由がある
のかどうか、もう一度話し合う必要があるでしょう。それでも結
論が変わらなければ、せめて離れて暮らすことになる親子間の面
会交流を確保できるよう、離婚前に取り決めをしておきましょう。

Q 家事・育児に協力せず、私を家政婦扱いする夫との生活に疲れました。離婚を考えていますが、裁判所は認めてくれるでしょうか。

A ・・

　夫婦には扶助・協力の義務があります。以前は「夫は外で働き、妻は家庭を守る」というのが一般的な家族のスタイルであり、夫婦がそのように役割分担して相互扶助義務を果たすのが当然と思われていました。近年は共働き夫婦が増えていますが、それでも「家事・育児といった家庭内のことは妻の仕事」と考えている人は多いようです。裁判所は社会通念を基準に判断することが多いので、ただ「夫が家事・育児に協力しない」という理由だけで離婚を求めても、簡単には離婚を認めないでしょう。夫婦が共にフルタイムで働いている共働きの家庭よりも、専業主婦の家庭の方が、「夫が家事・育児に協力しない」ことを理由とする離婚を認めない傾向が強いようです。

　しかし、本ケースの場合は、夫が家事・育児に協力しないばかりか、家政婦扱いをしており、妻の夫に対する愛情が失われている状況であると思われます。まず「今のような状態は耐え難い」ことを夫に伝えて話し合うことが必要です。また、公的制度や民間サービスの利用も含めて、家事・育児をサポートする体制を作ることを相談しましょう。それでも夫が協力する姿勢を見せないようであれば、離婚調停を申し立てます。それでも解決に至らなければ、扶助・協力の義務への違反が「婚姻を継続しがたい重大な事由」（法定離婚事由のひとつです）にあたると主張し、離婚訴訟を提起することを検討します。

Q 仕事も家事もしない夫との離婚を請求することはできるのでしょうか。

A リストラや倒産などを機に無気力になり、家事だけでなく仕事もしなくなってしまう夫もいるようです。この場合、妻にかかる負担は相当大きくなります。たとえば、夫が育児に協力する様子もなく、子も妻の実家に面倒を見てもらわなければならない状態の場合、夫が扶助・協力の義務を果たしているとは到底いえません。これを裁判所で主張すれば、離婚を認められる可能性は高いでしょう。

配偶者が仕事も家事もしない場合、離婚訴訟で法定離婚事由として主張できるのは「悪意で遺棄したとき」（悪意の遺棄）です。たとえば、配偶者が正当な理由もなく家族を置いて出て行った、生活費を配偶者に渡さない、病気などの正当な理由もなく家事も仕事もしないなどのように、一方的に同居・扶助・協力の義務を放棄している場合に悪意の遺棄が認められます。

夫婦間の話し合いで解決できないそうであれば、家庭裁判所に調停を申し立てて話し合いをしましょう。それでも、夫が改善に向けた具体的な努力を行おうとしないときは、裁判離婚をするために、悪意の遺棄を理由にして離婚訴訟を提起します。

Q 夫に結婚前の借金があることが最近わかりました。大事な問題を隠していた夫に不信感が募っています。離婚できるでしょうか。

A 独身時代の借金を隠し続けていたこと自体は、法定離婚事

由に該当しません。離婚訴訟を提起しても、「借金以外に結婚生活を維持していく上で支障となる問題はない」として、裁判所は離婚を認めないと思われます。ただし、返済不能のために差押えや破産手続開始決定を受けるなどして、夫婦生活が完全に破たんするに至ったような場合には、それが「婚姻を継続しがたい重大な事由」（法定離婚事由のひとつです）にあたるとして、裁判所が離婚を認める可能性は高くなります。

　なお、配偶者の独身時代からの借金は、あくまでも借りた本人に支払義務があるもので、あなたは保証人になっていない限り、夫の借金を支払う義務はありません。そこで、夫に自らの責任で返済してもらうことを約束させてはどうでしょうか。また、あなたが夫の借金を代わりに支払うことは、たとえ一部であっても避けなければなりません。あなたが代わりに借金を支払うと、借金の時効期間が振り出しに戻ってしまい、せっかく時効期間が経過して借金が消滅するという利益が失われてしまうからです。

Q 夫の浪費癖がひどく、いくら注意しても聞く耳をもたず、精神的に参っています。裁判所は離婚を認めてくれるでしょうか。

A 　裁判離婚が認められるには、浪費癖が法定離婚事由の「婚姻を継続しがたい重大な事由」に該当し、夫婦関係の修復が不可能な状態であることが認められる必要があります。

　浪費癖による支出であっても、夫婦が日常生活を送るために必要なものに対する支出であれば、その費用は夫婦の共同負担になります。たとえば、食費、家賃、日用品の購入費、医療費、教育費などです。これらの費用を支出については、裁判離婚が認めら

れる法定離婚事由に該当しません。ただし、必要以上に浪費していて、何度も説得を試みたものの、浪費が止まず、夫婦生活を維持していくのが困難な経済的状況になっていれば、法定離婚事由のひとつである「婚姻を継続しがたい重大な事由」に該当するとして裁判離婚が認められる可能性があります。

しかし、このようなケースでも、夫婦関係の修復が可能と判断された場合には、「婚姻を継続しがたい重大な事由」に該当しないとして裁判離婚が認められないこともあります。

なお、日常生活に関係のないものにまで浪費し、消費者金融からの催促に追われ、日常生活が脅かされているような状態であれば、「婚姻を継続しがたい重大な理由」に該当するとして裁判離婚が認められる可能性があります。

Q 同居する独身の義姉が、私の容姿や実家の家柄について毎日のように罵るのに、夫はこれを制止しようとしません。これは離婚の理由として認められるのでしょうか。

A 結婚や離婚は当事者の意思のみに基づいて行うもので、他人の介入を理由に行う性質のものではありません。本ケースの場合、離婚を考える直接のきっかけは義姉の嫌がらせですから、それ自体は離婚の理由（裁判離婚が認められる法定離婚事由）としては認められません。

しかし、夫の姿勢には問題があります。妻が義姉の嫌がらせに苦しんでいるにもかかわらず、何らの措置も講じていません。この点は、夫が円満な夫婦生活を続けるための協力義務を果たしていないと見ることができます。妻が夫に離婚を請求する際には、この協力義務違反を指摘し、法定離婚事由のひとつである「婚姻

を継続しがたい重大な事由」があると主張することが考えられます。

　当事者間の話し合いや調停の結果、夫が義姉に嫌がらせをやめるよう強く要求したり、義姉が頻繁に訪問できないような場所に転居したりするなど、改善に向けた努力を示したのであれば話は違ってきますが、改善が認められない場合は、裁判所も離婚請求を認める可能性があります。

Q 夫の行動が不審なので探偵に調査を依頼したら、男性とお付き合いをしていることが判明しました。夫は不倫でないと主張していますが、離婚の理由になるのでしょうか。

A 夫婦間の話し合いで離婚に合意すれば、離婚届の提出によって協議離婚が成立します。夫が離婚に同意しない場合は、家庭裁判所に調停を申し立ててください。調停手続きにおける話し合いで合意に至れば、調停離婚が成立します。

　調停によっても離婚が成立しなかった場合は、離婚訴訟を提起することになります。裁判離婚が認められるのは、法定離婚事由（180ページ）が認められる場合に限られます。本ケースの場合は、夫の同性愛が「不貞行為」もしくは「婚姻を継続しがたい重大な事由」にあてはまるかが争われることになるでしょう。同性愛が不貞行為にあたるかどうかは判断が難しいところです。

　しかし、妻の立場になれば、女性との浮気と同様に「夫の同性愛は耐え難い」と考えるのは自然ですし、夫婦関係を継続できないと考えるでしょう。

　したがって、夫が男性とのお付き合いを辞めなければ、「婚姻を継続しがたい重大な事由」があるとして、裁判所が離婚を認める可能性が高いといえます。

■ 「婚姻を継続しがたい重大な事由」の具体例 ‥‥‥‥‥‥‥‥‥‥

> ■ **暴力や虐待（DV）**
> 　(例) 夫から妻への継続的な暴力や暴言、子への虐待
>
> ■ **浪費癖や怠惰な生活**
> 　(例) 金銭の浪費が激しく夫婦生活に支障をきたす、
> 　　　健康なのに仕事も家事もしない
>
> ■ **親族との不和**
> 　(例) 夫の親族から妻への嫌がらせに対して夫が無関心
>
> ■ **性格の不一致**
> 　(例) お互いに歩み寄りができず別居し、それが長期化
> 　　　した場合
>
> ■ **常軌を逸した異常な性関係**
> 　(例) 性的嗜好の押しつけや、その拒絶を理由とする暴力
>
> ■ **常軌を逸した宗教活動**
> 　妻が宗教活動の集会に熱心に参加するうち活動が
> 　エスカレートし、家庭の安息が失われた場合

8

ＤＶについて知っておこう

ＤＶには身体的、精神的、性的、経済的なものがある

● どんな場合がＤＶにあたるのか

ＤＶ（domestic violence：ドメスティックバイオレンス）とは、家庭内での暴力のことです。骨折などの重大なケガをするほどの暴力行為を想像しがちですが、それだけとは限りません。

たとえば、ＤＶ防止法（配偶者からの暴力の防止及び被害者の保護等に関する法律）では、「配偶者からの暴力」について、「配偶者からの身体に対する暴力又はこれに準ずる心身に有害な影響を及ぼす言動」と定義しています。つまり、暴言や強迫など、強い精神的ストレスを与える行為もＤＶにあたるということです。

具体的には、次のような行為がＤＶと判断されます。

① **身体的なもの**

殴る、蹴る、髪を引っ張る、モノを投げつけるなど、身体に直接攻撃する行為が挙げられます。切り傷や打撲など、暴力行為を受けたことが目に見えるような跡が身体に残っていなくても、刃物を突き付けられるなど、身体に危険が及ぶおそれのある行為であれば、身体的なＤＶであると判断されます。

② **精神的なもの**

大声で怒鳴る、高圧的な物言いをする、無視をする、行動を極端に細かくチェックする、外部との接触を制限する、秘密をばらすと言って脅すなど、精神的に大きなストレスを与える行為が挙げられます。

③ **性的なもの**

拒否している配偶者に対して性行為を強要する、特殊な行為を

求める、避妊に協力しない、中絶を強要するなどといった性的な嫌がらせが挙げられます。

④　経済的なもの

生活費を渡さない、仕事を辞めさせるなど、経済面で過度の負担をかける行為が挙げられます。

● ＤＶについては早期に相談する

DVの被害者は、加害者に対する恐怖心や、「自分の態度が悪いから責められる」「自分さえ我慢すればいつか変わってくれる」といった自尊心の喪失などによって、正確な判断ができず、その場から逃れられない状況に陥っています。

第三者から見れば明らかにDVであるにもかかわらず、それに気づいていないケースも多いので、おかしいと感じたら自分だけで抱え込まず、早めに信頼できる家族や友人、配偶者暴力相談支援センターや警察などの専門機関に相談しましょう。

■ 配偶者からの暴力とDV防止法による保護…………………………

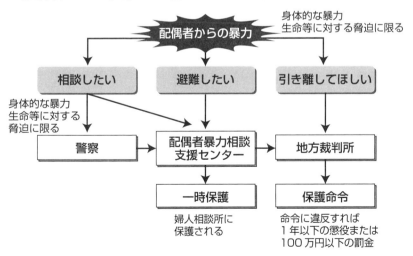

Q 夫の暴力に耐えかね、実家に帰っています。このまま会わずに離婚したいのですが、可能でしょうか。

A 最初に検討したいのは、話し合いによる協議離婚です。できることなら協議離婚をするのが理想的でしょう。しかし、直接会わずに離婚の話し合いを進めたいのであれば、協議離婚をするのは困難です。この場合、家庭裁判所に離婚調停の申立てをすることになります。夫婦同席で行われる調停手続きもありますが、配偶者からの暴力が原因で離婚を求めており、同席はできないことをあらかじめ家庭裁判所に伝えておけば、別席で調停手続きを進めてもらうことができます。

さらに、経済的負担はかかりますが、弁護士を代理人として立てれば、本人が裁判所に出向く回数を最小限に抑えることができますので、偶然夫と会ってしまう危険性も低くなります。

このように、離婚手続きだけであれば、できる限り夫と会わずに済ませることもできます。しかし、本ケースの夫のように、配偶者が暴力に訴える人の場合には、離婚の手続きを始めたことに激高し、別居先の実家まで押しかけてきたり、外出時に待ち伏せて危害を加えてきたりする可能性があります。その危険を回避する方法として、地方裁判所にDV防止法に基づく保護命令の申立てをすることが考えられます。申立てには医師の診断書などが必要ですから、あらかじめ準備しておきましょう。

Q 夫のひどい暴言のせいで、私は自分の意見が言えません。幼い息子にも同じことをするので離婚したいのですが、可能でしょうか。

A たとえば、「夫に殴られて腕や肋骨を骨折した」など、身体的な被害を受けたのであれば、被害者である妻も覚悟を決めて、別居したり、離婚の手続きに踏み切ったりするなどの行動をとるでしょう。妻の周囲の人も夫から逃れることを勧めるはずです。

　しかし、暴言がひどいというだけでは、周囲の人はもちろん、被害者自身も「自分の我慢が足りないだけである」と考えて離婚を躊躇しがちです。しかし、DVには、殴る蹴るなどの身体的なものだけでなく、「グズ」「バカ」「おまえなんかに何ができる」など、人格を否定する暴言などの精神的なものも含まれます。特にうつ病やPTSDといった精神疾患を発症しており、その原因として夫の暴言が考えられる場合には、法定離婚事由のひとつである「婚姻を継続しがたい重大な事由」があると認められ、離婚訴訟を提起しても、裁判所が離婚を認める（裁判離婚が認められる）可能性が高いといえるでしょう。

　ただし、何の証拠もないままでは、裁判離婚が認められないこともあります。夫が暴言を否定すれば、裁判所が「婚姻を継続しがたい重大な事由」があると判断することが困難になるからです。そこで、夫の暴言を客観的に把握できるような証拠をつかんでおきましょう。具体的には、暴言を録音・録画しておく、継続的に日記帳に記録する、精神科や心療内科などを受診して診断書をとっておくなどが考えられます。

Q 夫とは別居して離婚協議中ですが、脅迫めいた電話やメールを繰り返し、つきまといをやめません。どうしたらよいでしょうか。

A 　DVから逃れるために隠れ住んだアパートや、あなたの職場にまで押しかけてくるという夫の行為は、「ストーカー行為」に該当します。統計的に見ても、ストーカー行為は見ず知らずの者に対してよりも、元恋人・元妻や別居中の妻などといった顔見知りに対するケースが圧倒的に多いようです。対処法としては、周囲の人への相談を検討します。できれば、共通の知人で夫に影響力のある人がよいでしょう。ただ、夫に刺激を与えて逆上させないように、細心の注意を払わなければなりません。

　次に、ストーカー規制法に基づいた対処を検討します。ストーカー規制法では、つきまとい、面会・交際の要求、粗野・乱暴な言動をはじめとする８類型の「つきまとい等」を、同じ人に対し反復継続して行うことを「ストーカー行為」であると定義しています。その上で、ストーカー行為を刑事罰を科して禁止しています。この場合は、最寄りの警察署に相談しましょう。ストーカー行為の被害者からの申出があれば、加害者に対して、警察が「警告」を発したり、公安委員会が「禁止命令等」を発します。なお、禁止命令等はその違反に対する刑事罰があるため、緊急性がある場合を除き、事前に加害者から言い分を聴取する手続きが行われます。その他、告訴をして夫の処罰を求めることも可能です。

　以上の手続をとる前提として、夫のストーカー行為について証拠を収集しておきましょう。具体的には、写真をとる、録画・録音をする、目撃者を確保するといったことです。

Q 　15歳年上の夫は、私がセックスを求めても「疲れた」といって、応じようとしません。こんなことが離婚の理由として認められるのでしょうか。

A 　夫婦といえども望まない性交渉に応じる義務はありません。これは男性でも女性でも同じです。夫婦間であっても、相手の気持ちを無視して性交渉を強要することは、DVに該当するだけではなく、場合によっては、強制わいせつ罪もしくは強制性交等罪といった性犯罪に問われることにもなりかねません。

　しかし、性交渉は夫婦間ではごく自然な営みです。お互いに当然あるものと考えるでしょうし、本能的な欲求として相手に対して性行為を望むこともあるでしょう。それにもかかわらず、理由もなく長期間にわたり性交渉を拒否すれば、それが夫婦の信頼関係を傷つけるきっかけになりかねません。そういう意味では、セックスレスも離婚を誘発する1つの要因となる可能性があります。

　ただ、本ケースの場合は、夫が15歳も年上とのことですし、自分よりも若い妻の欲求に応えることができない、という身体的な事情を抱えていることも考えられます。性的な問題は他人に相談しにくいものです。まずは夫婦2人で話し合いをすることが重要です。病気に起因するものであれば、専門医に相談するなどすれば、他の解決策が見つかるかもしれません。

　しかし、夫が健康であって、セックスレスに対し真剣に向き合おうとしない場合、あなたが離婚を求めるのであれば、それに向けた手続きを進めることになります。双方の合意に基づいた離婚である協議離婚や調停離婚であれば、離婚の理由を問いませんので、セックスレスを理由とする離婚も可能です。しかし、裁判所が強制的に離婚させる裁判離婚は、法定離婚事由に該当することが必要です。本ケースでは「婚姻を継続し難い重大な事由」があるかどうかが問題となりますから、離婚訴訟において夫婦関係が完全に破たんして回復の見込みがないことを、証拠をもって主張することが求められます。

9 協議離婚の時に取り決めた内容は公正証書にする

約束を守らない人の財産に強制執行ができるような内容にする

● 強制執行受諾文言が付いた公正証書にしておくと安心

　公正証書とは、公証人が、当事者の申立てに基づいて作成する公文書です。一般の文書よりも強い法的効力が与えられているのが特徴です。公証人は、裁判官・検察官・弁護士などを長く務めた法律実務の経験が豊かな人で、公募に応じた人の中から、法務大臣が任命するのが原則です。

　公正証書が利用される最大の理由は、一定の要件を備えた公正証書に与えられる執行力です。たとえば、金銭の支払いについて法的紛争が発生した場合、話し合いで解決できなければ、裁判所に訴訟を提起し、勝訴判決を取得し、これに基づいて債務者の財産への強制執行を申し立てます。もっとも、強制執行を行うためには、その根拠が必要で、強制執行の根拠となるものを債務名義といいます。債務名義には、勝訴判決の他に、調停証書、和解調書、仮執行宣言付支払督促などがありますが、公正証書も一定の要件を備えれば債務名義となり、執行力が与えられます。なお、債務名義となる公正証書のことを執行証書といいます。

　公正証書が債務名義となるためには、原則として、請求内容が一定額の金銭の支払いであることが必要です。そして、債務者（慰謝料や養育費などの支払義務者）が「金銭の支払いを怠る場合には、強制執行を受けても文句は言わない」という記載が、公正証書になされていることが必要です。このような記載を強制執行受諾（認諾）文言もしくは執行認諾約款といいます。

　離婚時に公正証書を作成する場合は、離婚する当事者が一緒に

公証人のいる公証役場へ出向いて、公証人に公正証書を作成することをお願いします。これを「嘱託」といいます。公証人との事前の相談や連絡は、当事者の一方だけでもできますが、公正証書を作成する場合は、当事者双方が公証役場に出向くことが必要です。ただし、本人ではなく代理人に出向いてもらうことは可能です。公証役場では、まず人違いがないかどうかを確認します（本人確認）。本人確認のための必要書類として、原則として、発行後6か月以内の印鑑証明書と実印の持参が必要です。

公証人は必要書類を点検した後で、当事者から受けた説明をもとに、疑問点があれば質問し、公正証書を作成します。たいていは指定日に公証役場へ出向くことになります。指定日には、嘱託した内容の公正証書の原本ができていて、公証人が読み聞かせた後、当事者に閲覧させ、問題がなければ原本の指示された箇所に当事者が署名押印して手続きが終了します。

公正証書を作成するには、一般的に数万円程度の手数料がかかりますが、具体的な手数料の額は、財産分与や慰謝料、養育費などの金額によって異なります。また、公証人は中立的な立場にあるため、離婚条件などの調整は行いせん。夫婦間で話し合いを済ませてから、公正証書の作成を嘱託するようにしましょう。

● 公正証書を作成する際に注意すること

嘱託する本人の印鑑証明書や実印などを準備します。代理人に嘱託してもらう場合には、本人の実印を押印した委任状をはじめ、本人の印鑑証明書などの必要書類を準備します。離婚の際に取り決める主な内容は、財産分与に関する事項、子がいる場合は養育費、親権者、面会交流に関する事項、どちらかに離婚の直接的な原因がある場合は慰謝料に関する事項です。

以下に挙げる点に注意して、具体的に記載します。

① 財産分与

　夫婦間でどのように分配するのかは、個々のケースで異なりますので、当事者間で合意を済ませておきます。不動産がある場合は登記簿謄本（登記事項証明書）、自動車がある場合は登録事項等証明書を準備しておくようにしましょう。

② 養育費

　養育費は、子を引き取らない側が、子を引き取る側に支払うのが基本です。これも個々のケースで異なりますので、支払額、支払時期・回数、支払方法などの詳細を記載するようにします。養育費に財産分与の意味合いも含める場合には、その旨を記載します。

③ 慰謝料

　離婚の直接的な原因を作出した側が、それにより相手方が受けた精神的損害に対して支払うものを慰謝料といいます。慰謝料の支払いについても、一括にするか分割にするかの別、支払額、支払時期・回数、支払方法などの詳細を記載します。慰謝料も財産分与の意味合いを含める場合には、その旨を記載します。

　以上の①〜③については、離婚に伴う財産についての取り決めですが、公正証書として残す場合、こうした事項が守られなかった場合に備えて、前述した強制執行受諾文言（執行認諾約款）を付けることができる、という大きなメリットがあります。

　特に支払いが長期に渡る場合には、必ず支払いを受けることができるようにするため、強制執行認諾文言を付けることが重要です。さらに、住居などの不動産の明渡しが予定されている場合、保証人を立てる場合、担保を設定する場合には、その旨も記載します。一方、子を引き取らない側が子と面会交流することについても、その頻度や方法などについて記載しておきます。

離婚給付契約公正証書

　本公証人は、当事者の嘱託により、その法律行為に関する陳述の趣旨を録取し、この証書を作成する。

第1条（離婚の合意）　夫○○○○（以下「甲」という）と妻○○○○（以下「乙」という）は、合意の上協議離婚をする。

第2条（親権者）　甲乙間の子の長男○○○○（以下「丙」という）と長女○○○○（以下「丁」という）の親権者は乙とし、乙は丙と丁を成年に達するまで、監護、養育する。

第3条（養育費）　甲は乙に対して、丙と丁が各々成年に達する日の属する月まで、令和○年○月○日から、毎月月末までに、子一人あたり月々○○円を、乙指定の銀行口座に送金して支払う。

２　前項の養育費は、丙と丁の進学等の特別な事情、経済事情の変動その他の事情が生じたときは、甲乙協議の上、増減できる。

第4条（面接交渉）　甲は、丙及び丁と面接交渉をすることができ、具体的な面接交渉の方法は、甲と乙が、丙及び丁の福祉に配慮しながら協議の上定める。

第5条（財産分与及び慰謝料）　甲は乙に対し、財産分与及び慰謝料として、金○○○円を令和○年○月○日までに、乙指定の銀行口座に送金して支払う。

第6条（住所変更等の通知義務）　甲及び乙は、住所、居所等連絡先が変更になった場合は、遅滞なく他方の当事者に通知しなければならない。

第7条（清算）　甲及び乙は、本契約に定める以外には、名目の如何を問わず、相互に金銭その他の請求をしない。

第8条（強制執行認諾）　甲は、本契約による金銭債務の履行をしないときは、直ちに強制執行に服する旨陳述した。

　　　　　　　　　　　　　　　（以下、本旨外要件につき省略）

10 約束を履行させるための手続き

調停や審判が守られない場合は履行勧告の申立てもできる

● 強制執行とは

　支払う養育費や慰謝料の金額を公正証書で定めた場合、あるいは調停や判決などで金額が決められた場合であっても、それらが守られなければ、支払いを実現することができません。

　そこで、相手方が守らない場合には、強制執行をして支払いを実現することが可能です。強制執行とは、国家機関が権利者の権利の内容を強制的に実現する手続です。たとえば、離婚調停で決まった養育費を元夫が支払われないときは、調停調書に基づいて、裁判所や執行官などの執行機関が、元夫の財産を差し押さえて競売を行うことで換価し、それを渡してくれます。

● どんなことが必要なのか

　強制執行をするためには、まず「債務名義」という強制執行の根拠となるものを入手しなければなりません。債務名義に該当するものとして、確定判決、調停調書、審判書、和解調書、強制執行受諾文言付公正証書（執行証書）、仮執行宣言付支払督促などがあります。強制執行の代表例は確定判決ですが、確定判決以外の債務名義を持っていれば、訴訟を提起して確定判決を得なくても、強制執行が可能ということになります。

　次に、債務名義の末尾に、債務名義に基づいて強制執行を認めるという「執行文」をつけてもらいます。これを執行文付与といいます。ただし、調停調書の一部、審判書、仮執行宣言付支払督促などのように、執行文付与が不要な債務名義も存在します。

さらに、債務名義の正本もしくは謄本が債務者に送達されていることも必要です。そして、債務者が確かに受け取ったことを証明する「送達証明書」を手に入れます。送達証明書は、債務者にこういう内容の強制執行をしますという予告です。

　以上、債務名義・執行文・送達証明書の３点セットがそろって、はじめて強制執行を申し立てる準備ができたことになります。

◉ 強制執行の流れ

　執行機関とは、強制執行を行う権限がある国の機関をいいます。通常は地方裁判所もしくは地方裁判所に所属する執行官です。相手方のどのような財産に強制執行をするかについては、基本的に申立人（強制執行を申し立てる人）の自由です。相手方が不動産をもっていれば不動産を対象に、そうでなければ、家財道具などの動産や、給与・預金・売掛金などの債権を対象にします。

　手順はおおむね次のようになります。まず、相手方の財産を差し押さえます。これによって、強制執行の対象となる財産を他人に売却できないようにします。次に、差し押さえた財産を競売にかけます。そして、競売によって得られた金銭から、申立人が自分の取り分を得て、残額があれば相手方に渡します。債権の強制

■ 強制執行の手続き ……………………………………………………

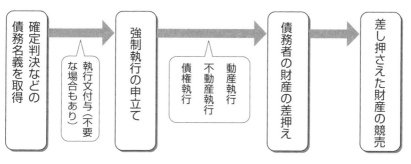

執行の場合は債権者が自ら取立てができるなど、強制執行の対象によって手続きの違いも見られますが、相手方の財産から申立人の取り分を作りだし、それを申立人が手に入れることができるというしくみになっている点では共通しています。

　もっとも、強制執行の手続きは複雑で、多くの費用もかかりますから、後述する履行勧告・履行命令の制度を利用できるのであれば、これらで解決するのがベストでしょう。

● 家庭裁判所への履行勧告・履行命令の申出もある

　家庭裁判所の調停・審判で決められた条項が履行されていない場合は、家庭裁判所に対して履行勧告・履行命令の申出をすることが可能です。履行勧告・履行命令が行われても条項が履行されなければ、前述した強制執行の申立てを行います。

① 　履行勧告

　履行勧告を申し出るには、「履行勧告の申出書」に調停調書もしくは審判書の謄本を添付して、調停・審判が行われた家庭裁判所に提出します。この際の費用は不要です。書類が提出されると、家庭裁判所は、調停・審判で定められた条項が正しく履行されているかどうかを調査し、正当な理由もなく履行されていないと認める場合には、義務者に対して条項の義務を履行するように勧告します。この勧告には法的効力がないものの、申出をした権利者本人が義務者に直接催促するよりは効果を発揮するようです。

② 　履行命令

　履行勧告にもかかわらず義務者が履行をしない場合には、権利者本人から「履行命令の申立書」が提出されると、家庭裁判所が条項を履行するように命令します。これが履行命令です。履行命令に従わない義務者は、過料の制裁を受けることがありますが、義務者の財産から強制的に履行させることはできません。

11 トラブルになったら内容証明郵便を出してみる

法的効力はないが相手方にプレッシャーをかけることができる

● 内容証明郵便とは

　内容証明郵便とは、誰が、どのような内容の郵便を、誰にあてて差し出したのかを郵便局が証明する特殊な郵便です。一般の郵便物でも書留郵便にすれば、郵便物の引受時から配達時までの保管記録は郵便局に残されます。しかし、書留郵便では、郵便物の内容や配達した事実は証明してもらえません。その点、内容証明郵便を配達証明付きで送付すれば、郵便物の内容や配達した事実を郵便局が証明します。

● 用紙の指定はないが文字数制限に注意する

　内容証明郵便は、受取人が1人でも、同じ内容が記載された文書を3通用意する必要があります。全部手書きの必要はなく、手書きで1通作成し、2通をコピーしても大丈夫です。パソコンでの作成も可能です。そして、1通を受取人に送り、1通を郵便局で保管し、1通を差出人に返還します。同じ内容の文書を複数の受取人に送る場合は「受取人の数＋2通」を用意します。

　なお、用紙の指定はありませんが、1行と1枚の文字数に制限があるので、これに従って作成します。たとえば、縦書きの場合は「1行20字以内、1枚26行以内」です。この文字数のカウント方法も特殊ですので（次ページ図参照）、詳細については作成前に郵便局で確認しておくことが必要です。

● 郵便局へ持参して差し出す

　同じ内容が記載された文書３通（受取人が複数ある場合は、受取人の数に２通を加えた数）と、差出人・受取人の住所氏名を書いた封筒を受取人の数だけ用意します。そして、集配郵便局もしくは地方郵便局長の指定した無集配郵便局へ持参します。内容証明郵便を取り扱う郵便局は限られている点に注意しましょう。その際、文字数の計算などに誤りがあったときのために、訂正用の印鑑も持参しましょう。

　郵便局に提出するのは、内容証明の文書、それに記載された差出人・受取人と同一の住所・氏名が書かれた封筒です。郵便局の窓口では、文書に「確かに〇月〇日に受け付けました」という内容の証明文と日付のスタンプが押されます。それを受け取って文書を封筒に入れ、窓口に差し出します。それと引き換えに受領証と控えとなる文書が交付されます。これは後々の証明手段として利用できますから、大切に保管してください。

■ 内容証明郵便を書く際の主な注意事項 ……………………………

・句読点
　「、」や「。」は１文字として扱う

・□□□□ の扱い
　文字を□□□□や〇などで囲ったときは□□□□や〇などを１文字としてカウントする。たとえば、「角角」「⑩」という記載は３文字として扱う

・下線つきの文字
　下線をつけた文字については、下線と文字を含めて１文字としてカウントする。たとえば 「3か月以内」は５文字として扱う

・記号の文字数
　「%」は１文字として扱う
　「㎡」「kg」は２文字として扱う

第6章

トラブルにならない
興信所への調査依頼
の仕方

信頼できる興信所はどのように見分ければよいのか

届出の有無や料金などを複数の業者につき比較検討する

● ある程度の情報とお金、覚悟が必要

　浮気調査は依頼者にとって精神的にも経済的にも負担がかかります。依頼してすぐに期待通りの結果が得られるとは限りませんし、実際に浮気の事実が明白になると、これを予測していたにもかかわらず、動揺してしまう人も少なくありません。

　浮気調査を依頼するときは、ある程度の情報と金銭、そして覚悟が必要です。浮気調査を依頼する前に、①配偶者の浮気を疑う根拠は何か、②浮気の事実が確認できたら配偶者に何を求めるのか、③浮気調査のためにどの程度の金銭を負担できるのか、といったことを冷静に考えるべきでしょう。

　浮気調査を依頼する興信所などを探すとき、最も信頼がおけるのは「実際に依頼して満足のいく調査をしてもらった経験のある人からの紹介」でしょう。しかし、実際には知人であっても、興信所などを使って調査をしたという事実を知られたくない人が多く、信頼のおける調査をしてもらえる業者の紹介を受けるのは難しいようです。そのような紹介のあてがない場合には、インターネットやチラシ、電話帳などを使って探すことになります。

　たとえば、インターネットの検索サイトで「浮気調査 依頼」と入力して検索すると、多くの業者のサイトが検索結果として表示されます。サイトの業者名には「○○探偵事務所」「○○興信所」「○○調査会社」などと記載されていますが、浮気調査を行うにあたっての違いは特にありません。以前は「探偵は個人の調査、興信所は企業の調査をおもに行う」という大まかなすみ分け

があったようですが、現在はその垣根が低くなっており、法律上も同じ「探偵業」に分類されています。ただ、業者の成り立ちによって、得意分野が違うことはあります。

　また、悪質な業者が混じっている可能性があることに注意を要します。膨大な量の業者の中から、悪質な業者を見分けるのは不可能で、どうしても広告の見栄えのよさや、「低料金」「迅速な調査」などの言葉に流されて選んでしまいがちです。

　多額の費用を支出し、他人に知られたくない情報を調査してもらうわけですから、業者の選定は特に慎重に行うことが重要です。そこで、次のような点を重視して複数の業者を比較し、相談先をピックアップするとよいでしょう。

① **料金が破格に安すぎないか**

　浮気調査の料金は業者によって千差万別ですが、人件費や交通費など必要な経費を考えると、ある程度の相場はあります。それにもかかわらず、他の業者と比べてあまりにも安い料金を示している業者は、広告には明記していない高額のオプション料金を設定しているなどの可能性があります。示されている金額でどの程度の調査をしてもらえるのかの確認が必要です。

② **実在する営業所を構えているか**

　探偵業を営もうとする業者は、営業所（事務所）ごとに公安委員会への届出が必要です（探偵業法4条1項）。つまり、営業所を構えるのが必須ですから、広告に営業所の記載がない業者への依頼は控えるべきでしょう。また、連絡手段を電子メールに限定しているなど、特に電話による連絡手段を示していない業者への依頼も慎重に検討する必要があります。

③ **探偵業法に基づく届出をしているか**

　前述のとおり、探偵業を営む業者には届出義務があり、届出をした業者は、営業所ごとに届出証明書番号が交付されていますの

で、広告に番号の記載があるかを確認します。

④　業界団体に加盟しているか

　探偵業を営む業者が組織している業界団体は複数あります。その業者がどの業界団体に加盟しているかを確認し、万が一のときに受けられるサポートなどを調べておくと安心です。

◉ 業者には守秘義務がある

　探偵業法（探偵業の業務の適正化に関する法律）10条は、探偵業者（探偵業を営む業者）の従事者が、探偵業から離れた後であっても、正当な理由がなく、業務上知り得た人の秘密を漏らしてはならないと定めています。つまり、他人に知られたくない情報を知ってしまう可能性がある探偵業に従事する人には、医師や弁護士などと同様の守秘義務があります。

　守秘義務に関しては、探偵業者が、契約前に交付することが義務付けられている重要事項説明書に記載し、他の記載内容とあわせて説明することが必要です。

■ 探偵業者への依頼時の注意点 ………………………………

探偵業者を探す（弁護士からの紹介、インターネット広告など）	探偵業者と会ってみる	探偵業者に依頼するかを慎重に検討する
・複数の業者を比較 ・料金が安すぎないか ・実在する営業所（事務所）を構えているか ・業界団体に加盟しているか ・探偵業法に基づく届出をしているか	・事務所を依頼者に公開しているか ・料金システムやオプションなどの確認 ・重要事項説明書や契約書の交付をしてもらえるか ・話しやすく信頼に足る従業者かどうか【相性も重要】	・見積もりを取って比較・検討する ・契約前に交付される重要事項説明書について説明を受け、疑問点は問い合わせる ・落ち着いて客観的に判断する

2 調査契約締結時の注意点

重要事項の説明をしないで契約を勧める業者には依頼しない

● どんな点に注意すべきか

　浮気調査は、相談者にとって気乗りするものではなく、できることなら早く終わらせて楽になりたいと考えるのも無理はないでしょう。ただ、経済的・精神的に大きな負担を覚悟するからには、具体的な成果を得たいものです。そのためには、契約締結前に、次のような点に注意する必要があります。

①　やみくもに契約をせかす言動がないか

　「早く調査しないと成果が得られない」「今なら調査費用を割り引く」などと言って契約を迫るような業者は、悪徳業者の可能性が高いので気をつけましょう。

②　複数の業者を比較してみたか

　少しでも早く解決したいと、よく考えずに最初に相談した業者に依頼してしまう人も多いかもしれませんが、浮気調査を請け負う業者はたくさんあります。どの業者が優秀であるかを判断するのは簡単ではありません。しかし、少なくとも2～3か所の業者から見積りをとり、どの業者が自分の相談を依頼するのに適しているかを見極める努力はすべきでしょう。

③　法令に基づいた手続きを踏んでいるか

　探偵業者（探偵業を営む業者）が増えてくると、「事前の説明なく高額の料金を請求された」「調査内容を勝手に第三者に漏えいされた」など、トラブルが多発するようになりました。そのような状況を受けて成立したのが探偵業法です。

　探偵業法は、探偵業者に対し、契約前に、業務内容、対価、守

秘義務、契約解除などの重要事項を記載した書面（重要事項説明書）を交付し、その書面の内容を説明することを義務付けています。重要事項説明書の交付・説明がない場合や、記載内容に納得できない部分がある場合は、契約締結を控えましょう。

　さらに、探偵業法は、契約締結時にも、探偵業者に対して、契約内容に関する書面（契約書面）を交付することを義務付けています。通常は契約書を交付するので、契約書を交付しようとしない業者との契約は解除を検討すべきでしょう。また、業者の営業所（事務所）以外で契約を締結した場合は、特定商取引法上の訪問販売に該当するので、後述するように、業者からクーリング・オフに関する書面の交付を受けた日から起算して8日間はクーリング・オフが可能です。

◉ 調査費用の料金体系

　探偵業の料金体系については、法律による明確な取り決めがありません。ある程度の相場はありますが、最終的にはそれぞれの業者が設定している料金体系に、相談者が納得できるかどうかが決め手になるでしょう。

　一般的な料金体系は、主として、①相談料、②着手金、③実費、④成功報酬によって構成されています。①相談料は、1時間当たりの料金を決めている業者もあれば、相談料を無料とする業者もあります。②着手金は、契約締結時に支払うもので、たとえ調査によって浮気の有無が確認できなくても返金されないのが一般的です。③実費は、調査が終了した際に、業者が調査のために要した交通費、通信費、消耗品費などを支払うものです。④成功報酬は、基本的に調査に成功した後に支払うものですが、契約締結時に先払いをして、調査に成功しなかった時に返金するという形態もあります。

なお、料金体系は、探偵業者が重要事項説明書に記載して説明し、さらに契約書面にも記載することが必要ですから、どの程度の調査費用を支払うことになるのかを、これらの書面を読んでしっかりと確認しておきましょう。

● クーリング・オフをすることができる場合

　探偵業者と契約を締結したものの「早まった」と思い直したときは、クーリング・オフを利用して契約を解除することができる場合があります。クーリング・オフとは、申込みをした契約や締結した契約について、一定期間の間、消費者から申込みの撤回や契約解除をすることを認める制度です。

　探偵業者との契約に関してクーリング・オフが適用されるのは、その契約が特定商取引法でいう「訪問販売」に該当する場合です。具体的には、業者の営業所（事務所）以外の場所で契約をした場合が該当します。たとえば、相談者の自宅や喫茶店などで契約を

■ 契約書面に記載しなければならない事項 ･･･････････････････････

1	探偵業者の商号、名称又は氏名及び住所並びに法人にあっては、その代表者の氏名
2	探偵業務を行う契約の締結を担当した者の氏名及び契約年月日
3	探偵業務に係る調査の内容、期間及び方法
4	探偵業務に係る調査の結果の報告の方法及び期限
5	探偵業務の委託に関する定めがあるときは、その内容
6	探偵業務の対価その他の当該探偵業務の依頼者が支払わなければならない金銭の額並びにその支払時期及び方法
7	契約の解除に関する定めがあるときは、その内容
8	探偵業務に関して作成し、又は取得した資料の処分に関する定めがあるときは、その内容

した場合です。そして、事務所以外の場所で契約をする場合、探偵業者は、クーリング・オフに関する事項を記載した書面を依頼者に交付する必要があります。依頼者は、この書面を受領した日から起算して8日間、クーリング・オフをすることができます。

そして、クーリング・オフをした場合、契約の際に着手金などを支払っていたとしても、依頼者は、探偵業者からその全額の返金を受けることができます。

以上に対し、依頼者が探偵業者の事務所に出向いて契約した場合は、訪問販売に該当しないので、契約書にクーリング・オフに関する特約がある場合を除き、クーリング・オフはできません。もっとも、クーリング・オフができない場合や、クーリング・オフ期間を経過しても、契約違反などがあれば、契約解除をすることは可能です。

■ 料金のしくみ ･･･

	時間料金制	パック料金制	成功報酬制
	調査員の稼働時間に応じた料金体系	探偵業者がサービスをまとめて定額料金とする	契約時に着手金を支払い、調査後に成功報酬を支払う
メリット	比較的明確	安価で調査可能	成果に応じた料金になる
デメリット	長時間の調査には不利（料金が上昇するので）	短期間で終了した場合は割高になる	不本意な結果でも成功となれば、成功報酬を支払わなければならない

3 業者の対応で気をつけなければならないケースとは

悪質業者の手口を知ることは重要で、被害にあったら直ちに依頼を取り下げる

● 悪質な業者の手口を知る

　多くの探偵業者は真摯に業務を遂行していると思われますが、残念ながら悪質な業者が潜在しているのもまた事実です。中には何年にもわたって多大な被害に遭っている人もいますので、悪質な業者に依頼をしないように、依頼をしてしまったとしても、気づいた時点で速やかに依頼を取り下げる（契約を解除する）ことができるように、準備をしておかなければなりません。そのためには、悪質な業者の手口を知っておくことが一番ですので、以下に紹介します。

① **違法と思われる行為を勧める**

　依頼者の弱みにつけ込み、「浮気相手に復讐してあげます」「気づかないように配偶者と浮気相手を別れさせます」など、違法となりかねない行為を勧め、後になって「犯罪行為に加担した」などと脅して多額の費用を請求します。このような誘いがあった場合は甘言に乗らず、きっぱりと断りましょう。

② **調査を引き延ばすような言動をする**

　浮気調査は、すぐに結果が出ないことがあるものの、「もう2〜3日調査すれば浮気の証拠がつかめるかもしれない」などと言って調査を引き延ばそうとする業者もいます。このような業者は、日当などの経費を水増し請求するために引き延ばしをしている可能性がありますので要注意です。

③ **調査対象者を巻き込むような調査を提案する**

　探偵業法は、探偵業者やその従事者が、探偵業務を遂行する際

に、人の生活の平穏を害するなど個人の権利利益を侵害するようなことをしてはならないと定めています。これは調査対象者に関しても同じです。しかし、「調査結果を元に調査対象者から慰謝料を請求すれば、調査費用の負担が軽くなります」といった提案をする業者もいるようです。この行為は、刑法上の犯罪である脅迫罪や恐喝罪に問われる可能性がありますので、絶対に受け入れないようにしてください。

● 調査対象者が金銭を巻き上げられる場合もある

　悪質な業者の中には、調査内容をネタに調査対象者をゆすり、その者から金銭を巻き上げる業者もいます。この行為は恐喝罪に問われる可能性が高いですから、気づいた時点で直ちに警察に相談すべきです。悪質な業者から「あなたを傷つけた罰を受けてもらいましょう」などと甘い言葉をかけられ、その誘いに乗ったために、「犯罪行為に加担した」と言われ、依頼者も金銭を巻き上げられるケースもありますので、このような誘いには絶対に応じないようにしてください。

● 業界団体にも自主規制がある

　弁護士に弁護士会、医師に医師会があるように、探偵業にも「日本調査業協会」など複数の業界団体があります。業界団体では、探偵業務の遂行にあたって、探偵業法などの法律を遵守するよう指導する他、団体独自の倫理綱領や自主規制を設け、依頼者（相談者）の保護を図っています。

　たとえば、日本調査業協会では、「基本的人権に関わる調査の拒否」「別れさせ屋に準じた事案の拒否」「誇大・虚偽の報告の禁止」などの自主規制を公表しています。他の団体も業界の健全化に資する活動をしていますので、確認してみてください。

Q 探偵業者に支払う調査費用を抑えるため、契約締結前までに準備しておくことはありますか。

A 専門の業者に依頼する費用面のことを考えると、浮気の疑いを持つに足る程度の証拠を自分で収集し、それを持参して業者に依頼した方がよいでしょう。浮気相手と会う確率が高い日の目星をつけ、その1週間くらい前までに依頼しておくと、業者側も調査の計画が立てやすくなります。

ただ、あまりに深入りしすぎて、証拠集めをしていることが配偶者などに見つかると元も子もありません。また、決定的な証拠を見つけて感情的に相手を責めてしまうと、収拾がつかなくなる可能性がありますから注意しましょう。

なお、決定的な証拠が出てきた場合に、どのように対応するのかを依頼前に考えておきましょう。それによって、調査内容が若干変わってくることがあります。たとえば、証拠が出た場合は即離婚と考えているのであれば、あわせて財産の調査なども始めておいた方がよいでしょう。浮気相手に対して慰謝料請求することを考えている場合は、浮気相手の身元も確認しておく必要があります。

Q 探偵業者に浮気調査を依頼したいのですが、法外な調査料請求や、逆に脅されたりしないか不安です。

A 探偵業法は、探偵業を営むときの届出義務、重要事項説明書の交付・説明の義務、契約書面の交付義務、守秘義務といった義務を探偵業者に課すと共に、次のような規制を設けています。
① 探偵業務を行う際には、法律で禁止または制限されている行

為が探偵業法の規定によって行うことができるようになるわけではないことに留意すると共に、人の生活の平穏を害する等個人の権利利益を侵害することがないようにしなければならない（6条）。

② 探偵業務によって得られる調査の結果が犯罪行為、違法な差別的取扱いその他の違法な行為のために用いられることを知ったときは、当該探偵業務を行ってはならない（9条）。

法外な調査料請求は、公序良俗違反によって無効とされる可能性があります（民法90条）。依頼者を脅すことは、刑法上の脅迫罪（刑法222条）に該当する可能性があります。そして、探偵業者が探偵業法などに違反し、適正に業務が行われないと判断される場合には、公安委員会が、探偵業者に対して、必要な措置をとるよう指示したり、営業の停止を命じることができます。

Q 浮気調査を依頼する契約をしました。しかし、知人から悪質業者と知らされて解約を申し出たのですが、法外な違約金を請求されました。

A 探偵業者に解約（契約解除）を申し出ると、クーリング・オフができる場合を除き、探偵業者から違約金を請求されることがあります。浮気調査の契約書には、「調査開始の○日前までの解約は無料、それ以降の解約は契約金の○％」などと記載されていることがよくあります。違約金の目安の金額は、探偵業者や依頼内容によって異なり、一概には言えませんが、「契約金の8％」という設定にしている業者が多いようです。違約金について契約書に明記されている場合は、その内容に合意しているため、その内容に従わなければなりません。もっとも、探偵業者との契約は、

個人的に依頼したのであれば、消費者契約法の適用を受けます。

　消費者契約法は、契約の解除によって事業者に生じる平均的な損失を超える部分について、違約金の条項が無効になると定めしています（9条1項）。たとえば、調査開始前に解約したため、探偵業者に実質的な損失が発生していなければ、たとえ契約書に記載されていても、依頼者に違約金の支払義務がないと判断される可能性があります。解約を申し出て高額の違約金を請求された場合は、支払いをせずに、消費者センター、業界団体、弁護士などの相談窓口に相談してみるとよいでしょう。

Q 調査報告が文書ではなく、口頭での簡単な説明だけでした。本当に調査したのかわからず、不信感を持ちました。

A 　高い着手金を支払ったにもかかわらず、「調査期間中は浮気の事実が確認できませんでした」といった簡単な報告しかなかったのでは、依頼者は納得いきません。この場合、依頼した探偵業者に対し、どのような調査をしたのかを報告書にして提出するよう求めてみましょう。あわせて調査員の行動記録と共に、調査費用に関する領収書や、証拠収集のために撮影した写真などを添付するように要求してみるとよいでしょう。

　その結果、必要な調査をしていない場合や、報告書が捏造されている疑いがある場合は、再度、必要な調査を行うよう業者に求めてみましょう。探偵業者が居直る態度を見せた場合は、当初から調査費用を巻き上げるつもりで契約した可能性があります。この場合は、必要な調査をしていないという契約上の義務の不履行（債務不履行）を理由に、契約の解除と損害賠償金の支払いを請求しましょう。探偵業者が応じなければ、詐欺罪（刑法246条）

での告訴も検討に入れます。

　このようなトラブルに巻き込まれないためには、契約前に探偵業者が交付する重要事項説明書を確認し、その内容について納得するまで説明を求めることが重要です。

Q 調査をしている最中に、探偵が不法行為を行い、夫の不倫相手が私を訴えると言っています。

A 　浮気調査を依頼したときは、さまざまなトラブルに巻き込まれる可能性があります。たとえば、依頼した探偵業者が違法行為をした場合、依頼者にも責任が及ぶ可能性があります。また、調査の段階で法曹関係者に対応を依頼する必要が生じる場合も考えられます。安全に調査するためには、弁護士などを通じて依頼する方が無難です。調査の結果、浮気の事実が発覚したら即離婚すると決心している場合は、弁護士と連携している探偵業者に相談するのがよいでしょう。最近は探偵業者と弁護士が連携し、相互に紹介しあっているところもあります。

　業界団体にも相談場所があります。日本調査業協会に加盟する各地の調査業協会といった業界団体では、相談を受け付ける電話窓口などを開設しています。具体的には、「相談者が業者の選定に迷っているときや調査内容について不満を持っている場合に、所属会員の中から適した業者を紹介する」「契約内容や調査の方法について疑問がある場合に、その内容の説明や業界での通例などの情報提供を行う」「料金面でトラブルが発生した場合のアドバイスをする」などの対応をしています。本ケースの場合も、そのような業界団体に相談してみるとよいでしょう。

4 浮気の証拠をどのように確保すればよいのか

状況証拠や第三者の目撃証言でも浮気の証明は可能

● 物的証拠は重要だがそれ以外も証拠となる

　浮気の事実を証明する証拠は、第三者が見ても明らかに「浮気をしている」とわかる物的証拠であれば、それに超したことはありません。たとえば、浮気相手と寄り添っている写真や動画、浮気相手とやりとりしたメール、アプリ、手紙、携帯電話の通話履歴といったものが挙げられます。

　この他、レストランやプレゼントのレシート、ホテルの宿泊を示す伝票、交通系ICカードの履歴などといった状況証拠が考えられます。これらの証拠は、単独では明確な浮気の証拠になりませんが、「○○に出張する」と偽って別の場所を訪問していた場合などは、他の証拠とあわせて浮気の証拠と判断されることがあります。第三者の目撃証言も、他の証拠とあわせて浮気の証拠として認められることがあります。ただし、何となく記憶していることや噂話ではなく、「いつ、どこで、どのような状況を目撃したのか」を明確に示すことができる証言でなければなりません。

● 確実に証拠をおさえるために準備しておきたいこと

　気をつけなければならないのは、配偶者などに浮気を疑っていることを悟られないようにすることです。特に携帯電話の画像やメールなどは、疑っていることに気づかれた時点で削除されてしまう可能性が高いので注意しましょう。

　そして、配偶者と浮気相手の行動パターンをある程度把握することが重要です。浮気調査は多額の費用がかかりますし、時間を

かけて尾行すれば必ず証拠が見つかるとは限りません。相談者は疑っていたものの、実は配偶者は浮気をしておらず、別の理由で浮気を疑われるような行動をしていたこともあり得ます。調査依頼前に、配偶者の浮気を疑うに至った行動や態度について、冷静に観察するようにしましょう。

⦿ トラブルが発生したらどうなる

　「見積りは適正なのか」「報告が全然来ない」「追加料金ばかり取られる」「調査した結果に満足できない」など、疑問やトラブルがあれば、業界団体に相談するようにしましょう。探偵業に関しては「日本調査業協会」などの業界団体があり、業界団体は依頼者と業者の間に立ち、苦情処理の円満解決へのサポートをしています。また、トラブルが起きた場合は、全国にある消費生活センターや消費者ホットライン（188）に相談することもできます。

■ 浮気調査のための準備と注意点 ……………………………………

調査目的などを正確に伝える

調査目的や調査結果が出たときの対応を正確に伝える。たとえば、浮気の証拠が出れば離婚という対応をするのであれば、離婚調停などで有利になるように、調査に際して写真などの決定的な証拠を集めてもらうことになる。

依頼者自身の情報を偽りなく伝える

調査に際しては依頼の正当性が重要である。調査目的や依頼者の氏名・住所などを偽って調査を依頼することは、信頼関係を損なうだけでなく、調査結果にも悪影響が出る。

依頼者自身が持っている情報を提供する

調査に必要な情報を整理し、探偵業者に提供できるとベストである。何もない段階から調査すると、膨大な時間や費用がかかることが多いので、持っている情報は積極的に提供する。

5 興信所の調査について知っておこう

正当な理由があり法令を逸脱しなければ、調査は正当と認められる

◉ 浮気調査はどのように行うのか

浮気の証拠を押さえるためには、調査対象者の行動を監視することが必要です。監視の方法としては、調査対象者の尾行や張り込みが一般的です。尾行や張り込みといっても、その手段はさまざまですが、調査対象者に知られないように行うためには、突発事項に備えて待機する人を置かなければなりません。

たとえば、駅に向かっていた尾行中の調査対象者が、たまたま路上で知人に会い、急にその車に乗ってしまうことがあります。この場合、予定通り駅に向かうことを想定して尾行する人と、突発事項に備えて車で尾行する人を配置する、というように、いくつかの事態を想定して準備をしておく必要があります。このため、探偵業者は数人のチームを組んで、一件の浮気調査にあたっています。

◉ 浮気調査は法律に触れないのか

興信所などの探偵業者が行う浮気調査は、調査対象者の行動を逐一把握する形で行われるのが一般的です。このとき、調査対象者から行動の把握について許可は得ていません。調査をしている事実を知られると、浮気の事実を確認するという目的を果たせなくなるわけですから、許可を得ていないのは当然だといえるでしょう。しかし、調査対象者にしてみれば「プライバシー権の侵害」といえる行為です。探偵業法は、「この法律（探偵業法）によって他の法令において禁止・制限されている行為を行えるよう

になるわけではない」（6条）と定めて、探偵業者による調査などについて注意を求めています。

　浮気調査はすべて違法というわけではありません。不貞行為を理由に離婚訴訟を提起する場合、原告（訴訟を提起する側）は、配偶者の不貞行為を立証するための証拠を、裁判所に対して示すことが必要です。そのために浮気調査は必須だといえるでしょう。たとえば、繁華街や公道などを尾行する行為や、立ち入りが自由の場所で調査対象者が現れるかを監視し、その行動を調査する行為などは、プライバシーの侵害の程度は低いといえます。この場合は、浮気調査を行う正当な理由があり、手段が法令を逸脱するものでなければ、浮気調査は適法なものとして認められるでしょう。もっとも、浮気調査の理由の正当性や手段の法令適合性についての判断基準は明確でないため、ケースごとに判断されることになります。

● 盗聴や盗撮などの行為には問題はないのか

　尾行や張り込みといった行為は、浮気調査の際に一般的に行われているもので、直ちに違法であると指摘されることは少ないです。しかし、興味本位で調査尾行をする、24時間行動を監視する、浮気相手の自宅の敷地に入り込むなど、度を超している場合は問題があります。とりわけ最後の行為は住居侵入罪（刑法130条）に該当する可能性が高いといえます。

　また、テレビドラマなどを見ていると、探偵が調査対象者の自宅内に盗聴器をしかけたり、隠しカメラを設置したりする行為が描かれていることがありますが、これらは明らかにプライバシーの侵害する行為です。場合によっては、損害賠償の問題を生じさせたり、住居侵入罪などの犯罪行為に該当すると判断される可能性もあることを知っておくべきでしょう。

巻　末

最新　養育費算定の
しくみと手順

養育費算定表の使い方

■ 養育費算定表とは

　養育費算定表（正式には「養育費・婚姻費用算定表」といいます）とは、離婚にあたって義務者から権利者に対して支払われるべき養育費や婚姻費用の金額を算定するために活用されている表です。東京と大阪の裁判官の共同研究により作成され、平成15年4月に公表されました。

　その後、15年余りが経過し、より一層社会実態を反映したものとするため、最新の統計資料や制度などに基づいた見直しが検討され、令和元年12月に改定版が公表されました。

　養育費算定表は、養育費に関する表1〜9と、婚姻費用に関する表10〜19に分かれています。本書では、養育費に関する表1〜9を中心に見ていきます。表1〜9は、子の人数（1〜3人）と年齢（0〜14歳と15〜19歳の2区分）に応じて表が分かれています。標準的な養育費・婚姻費用の額を簡易迅速に算定するため、義務者と権利者の収入および子どもの年齢を基準としてそれぞれの表を作成している点に、養育費算定表の特徴があります。本書では、237〜255ページにかけて、養育費算定表を掲載しています。

■ 養育費算定表の改定の影響

　養育費算定表の改定版は、東京及び大阪の家庭裁判所所属の裁判官による「養育費、婚姻費用の算定に関する実証的研究」をテーマとした司法研究の研究報告として令和元年12月に公表されたものです。改定版でも、基本的な算定方法は従来の算定表と同じですが、最新の統計資料などに基づいた見直しにより、算定さ

れる養育費や婚姻費用の金額が変わります。子1人あたりの養育費の金額を算定するための子の指数も変更されています。改定前よりも改定後の方が、養育費や婚姻費用が月額1～2万円程度増えるケースが多くなっています。

なお、すでに決まった養育費や婚姻費用の金額も、事情変更により増額や減額が認められる場合があります。今後、事情変更により、改定版の公表前に決定した養育費や婚姻費用の金額を変更する場合も、改定後の養育費算定表を用いて算定されると考えられます。しかし、養育費算定表の改定版の公開自体は、養育費や婚姻費用の金額を変更すべき事情変更にはあたりません。

■ 成年年齢引き下げの影響

研究報告では、成年年齢引き下げの影響にも言及されています。平成30年に成年年齢を18歳に引き下げる改正民法が成立しましたが、改正民法の施行前に、調停調書などにおいて養育費の支払期間を「成年」に達するまでと定めていた場合、「成年」とは、原則として20歳と解釈されます。もっとも、養育費は、子が未成熟であって経済的な自立を期待することができない場合に支払われるものなので、子が成年に達しても経済的に未成熟である場合には、引き続き養育費を支払う義務を負うことになります。このため、成年年齢が引き下げられたからといって、養育費の支払期間が当然に「18歳に達するまで」となるわけではありません。

■ 養育費算定表を利用する上での注意点

養育費算定表は、あくまで標準的な養育費や婚姻費用を簡易迅速に算定することを目的としています。最終的な養育費や婚姻費用の金額は、いろいろな事情を考慮して定められます。したがって、裁判所で養育費算定表が活用される場合にも、裁判所の最終

的な金額についての判断が、養育費算定表に示された金額と常に一致するとは限りません。また、当事者間の合意で、いろいろな事情を考慮して最終的な金額を定めることが考えられます。しかし、いろいろな事情といっても、通常の範囲のものは、標準化するにあたって養育費算定表の金額の幅の中ですでに考慮されています。したがって、この幅を超える金額の算定を要するのは、養育費算定表によることが著しく不公平となるような特別な事情がある場合に限られます。

■ 養育費算定表の使用手順

どの表も、縦軸は義務者（養育費や婚姻費用を支払う側）の年収、横軸は権利者（支払いを受ける側）の年収を示しています。縦軸の左欄と横軸の下欄の年収は、給与所得者の年収を、縦軸の右欄と横軸の上欄の年収は、自営業者の年収を示しています。

① 年収の求め方

義務者と権利者の年収を求めます。以下のように、給与所得者と自営業者で求め方が異なります。なお、児童扶養手当や児童手当は、子のための社会保障給付ですから、権利者の年収に含める必要はありません。

・給与所得者の場合

源泉徴収票の「支払金額」（控除されていない金額）が年収にあたります。なお、給与明細による場合は、「支払金額」が特定の月の月額にすぎず、歩合給が多い場合などはその変動が大きく、賞与・一時金が含まれていないことに留意が必要です。他に確定申告していない収入がある場合は、その収入額を支払金額に加算して給与所得として計算します。

・自営業者の場合

確定申告書の「課税される所得金額」が年収にあたります。

「課税される所得金額」は、税法上、種々の観点から控除された結果であり、実際に支出されていない費用（たとえば、基礎控除、青色申告控除、支払がされていない専従者給与など）を「課税される所得金額」に加算して年収を定めます。

② 養育費や婚姻費用の算定方法

子の人数と年齢に従って使用する表を選択し、その表の権利者と義務者の収入欄を給与所得者か自営業者かの区別に従って選び出します。縦軸で義務者の年収額を探し、そこから右方向に線をのばし、横軸で権利者の年収額を探して上に線をのばします。この２つの線が交差する欄の金額が、義務者が負担すべき養育費や婚姻費用の標準的な月額を示しています。

なお、養育費の額は、支払う親の年収額が少ない場合は１万円、それ以外の場合は２万円の幅をもたせています。婚姻費用の分担額は、１〜２万円の幅をもたせています。

■ 子１人あたりの額の求め方

養育費算定表は子が２〜３人の場合も用意しています。この場合、養育費算定表に示されている養育費の金額は、支給される総額です。そして、子が複数の場合、子ごとに養育費の金額を求めることができ、それは養育費算定表上の金額を、子の指数で按分して求めます。子の指数とは、親を100とした場合の子に充てられるべき生活費の割合で、統計数値などから標準化したものです。具体的には、子の指数は０〜14歳の場合は62、15〜19歳の場合は85となっています。

たとえば、子が２人おり、１人の子が10歳、もう１人の子が15歳の場合で、養育費の全額が５万円のときは、10歳の子について２万円（５万円×62÷（62＋85））、15歳の子について３万円（５万円×85÷（62＋85））となります。

養育費算定表の使用例

　たとえば、権利者が７歳と10歳の子を養育しており、単身の義務者に対して子の養育費を求める場合で、権利者と義務者の収入は以下のようになっていたとします。

・権利者は給与所得者であり、前年度の源泉徴収票上の支払金額は202万8000円でした。

・義務者は給与所得者であり、前年度の源泉徴収票上の支払金額は715万2000円でした。

　この場合の算定手順は、以下の①〜⑥のとおりです。

① 　権利者の子は、２人で７歳と10歳ですから、養育費の９枚の表の中から、表３「子２人表（第１子及び第２子０〜14歳）」を選択します。

② 　権利者の年収については、表の横軸上の「給与」の欄には「200」と「225」がありますが、権利者の年収が「200」に近いことから、「200」を基準にします。

③ 　義務者の年収については、表の縦軸上の「給与」の欄には「700」と「725」がありますが、義務者の年収が「725」に近いことから、「725」を基準にします。

④ 　横軸の「200」の欄を上にのばした線と、縦軸の「725」の欄を右にのばした線の交差する欄は「10〜12万円」の枠内となっています。

⑤ 　標準的な養育費はこの額の枠内となります。

⑥ 　仮に養育費を10万円とした場合には、子１人当たりの額は、子２人の年齢がいずれも０から14歳であるので、指数は62であり同じですから、２分の１の各５万円となります。

表1 養育費・子1人表 (子0〜14歳)

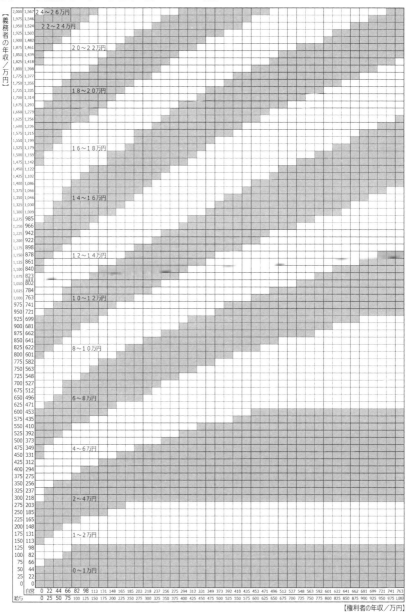

【義務者の年収／万円】

【権利者の年収／万円】

表2　養育費・子1人表（子15歳以上）

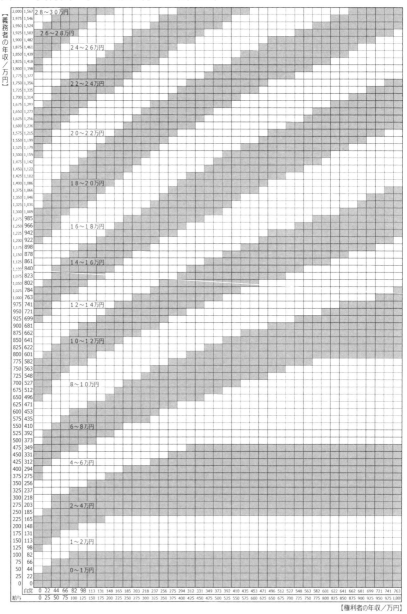

【義務者の年収／万円】

【権利者の年収／万円】

表3　養育費・子2人表（第1子及び第2子0〜14歳）

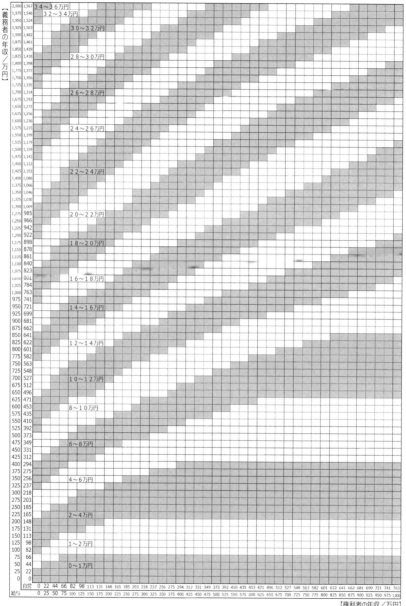

【権利者の年収／万円】

表4　養育費・子2人表（第1子15歳以上、第2子0〜14歳）

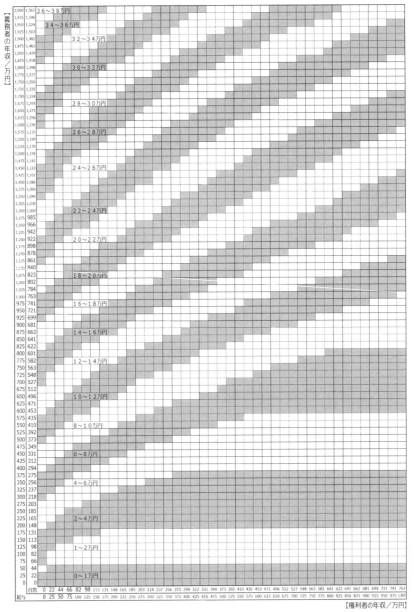

表5 養育費・子2人表（第1子及び第2子15歳以上）

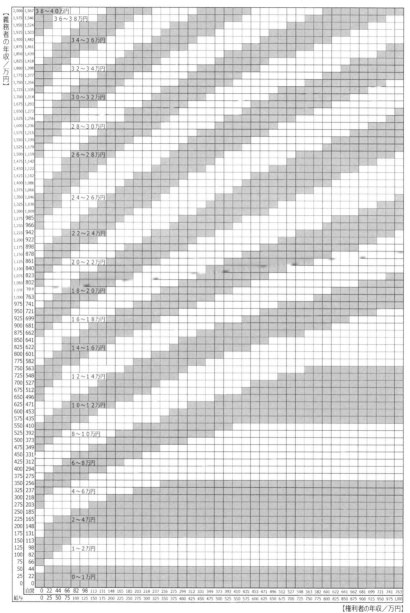

【義務者の年収／万円】

表6　養育費・子3人表（第1子、第2子及び第3子0～14歳）

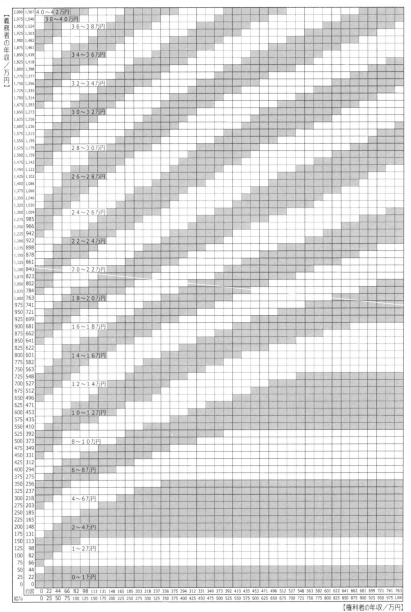

【権利者の年収／万円】

表7　養育費・子3人表（第1子15歳以上、第2子及び第3子0〜14歳）

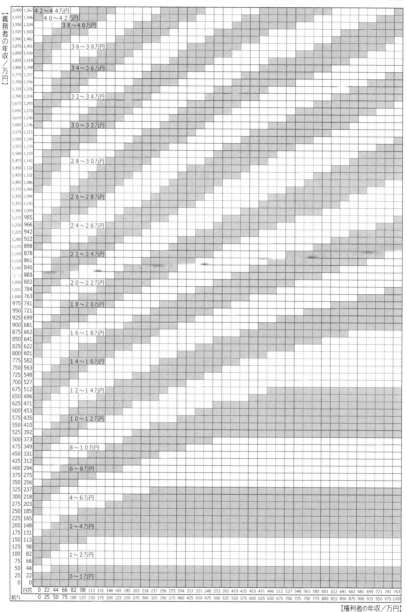

表 8　養育費・子 3 人表（第 1 子及び第 2 子 15 歳以上、第 3 子 0 〜 14 歳）

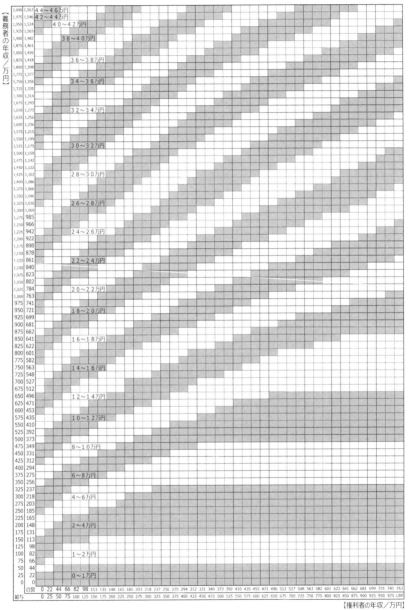

【義務者の年収／万円】

2,000	1,567	4 4 〜 4 6 万円
1,975	1,546	4 2 〜 4 4 万円
1,950	1,524	4 0 〜 4 2 万円
1,925	1,503	
1,900	1,482	3 8 〜 4 0 万円
1,875	1,461	
1,850	1,439	
1,825	1,418	3 6 〜 3 8 万円
1,800	1,398	
1,775	1,377	
1,750	1,356	3 4 〜 3 6 万円
1,725	1,335	
1,700	1,314	
1,675	1,293	
1,650	1,273	3 2 〜 3 4 万円
1,625	1,256	
1,600	1,236	
1,575	1,215	
1,550	1,199	
1,525	1,179	3 0 〜 3 2 万円
1,500	1,159	
1,475	1,142	
1,450	1,122	
1,425	1,102	2 8 〜 3 0 万円
1,400	1,086	
1,375	1,066	
1,350	1,046	
1,325	1,030	2 6 〜 2 8 万円
1,300	1,009	
1,275	985	
1,250	966	
1,225	942	2 4 〜 2 6 万円
1,200	922	
1,175	898	
1,150	878	
1,125	861	2 2 〜 2 4 万円
1,100	840	
1,075	823	
1,050	802	
1,025	784	2 0 〜 2 2 万円
1,000	763	
975	741	
950	721	1 8 〜 2 0 万円
925	699	
900	681	
875	662	
850	641	1 6 〜 1 8 万円
825	622	
800	601	
775	582	
750	563	1 4 〜 1 6 万円
725	548	
700	527	
675	512	
650	496	1 2 〜 1 4 万円
625	471	
600	453	
575	435	1 0 〜 1 2 万円
550	410	
525	392	
500	373	
475	349	8 〜 1 0 万円
450	331	
425	312	
400	294	
375	275	6 〜 8 万円
350	256	
325	237	
300	218	4 〜 6 万円
275	203	
250	185	
225	165	
200	148	2 〜 4 万円
175	131	
150	113	
125	98	
100	82	1 〜 2 万円
75	66	
50	44	
25	22	0 〜 1 万円
0	0	

自営 0　22　44　66　82　98　113　131　148　165　183　203　218　237　256　275　294　312　331　349　373　392　410　435　453　471　496　512　527　548　563　582　602　622　641　662　681　699　721　741　763

給与 0　25　50　75　100　125　150　175　200　225　250　275　300　325　350　375　400　425　450　475　500　525　550　575　600　625　650　675　700　725　750　775　800　825　850　875　900　925　950　975　1,000

【権利者の年収／万円】

表9 養育費・子3人表（第1子、第2子及び第3子15歳以上）

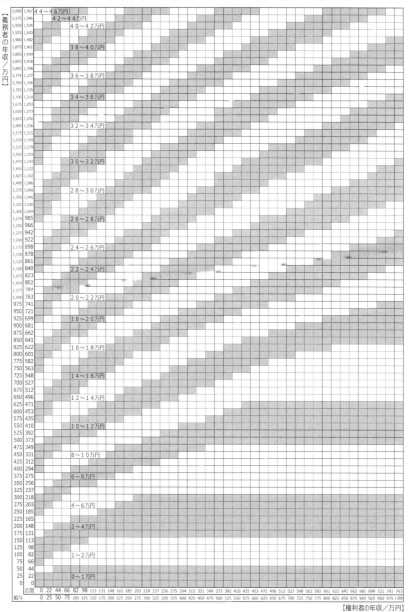

【権利者の年収／万円】

表10　婚姻費用・夫婦のみの表

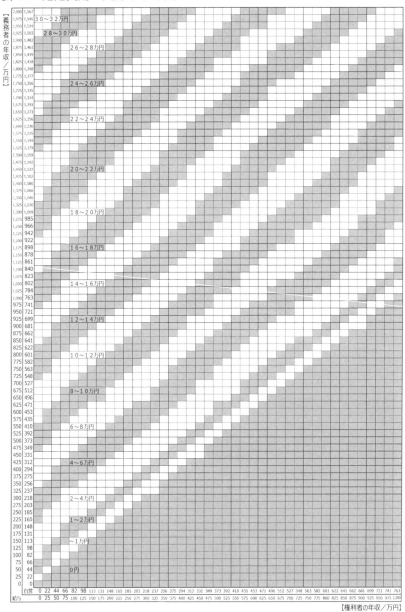

表11　婚姻費用・子1人表（子0〜14歳）

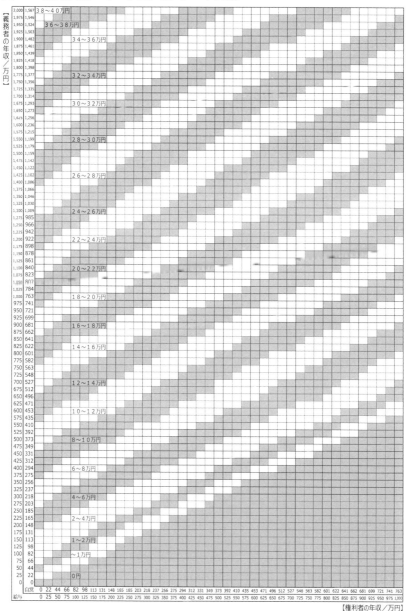

【義務者の年収／万円】

【権利者の年収／万円】

表 12　婚姻費用・子1人表（子15歳以上）

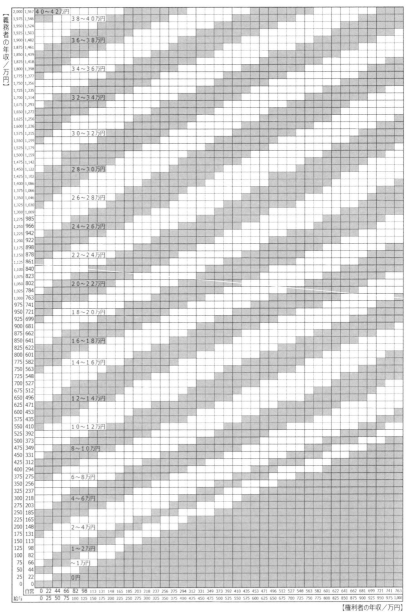

表13　婚姻費用・子2人表（第1子及び第2子0～14歳）

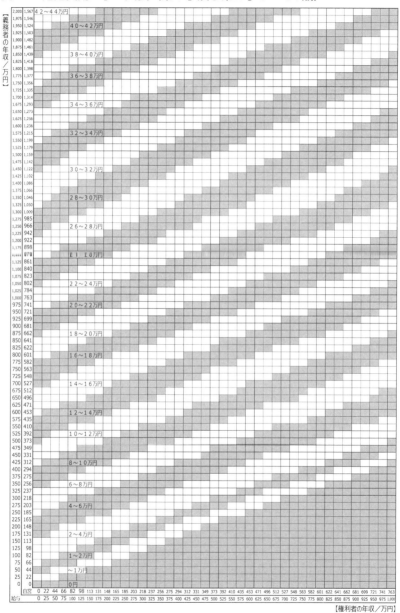

【義務者の年収／万円】

【権利者の年収／万円】

表14　婚姻費用・子2人表（第1子15歳以上、第2子0～14歳）

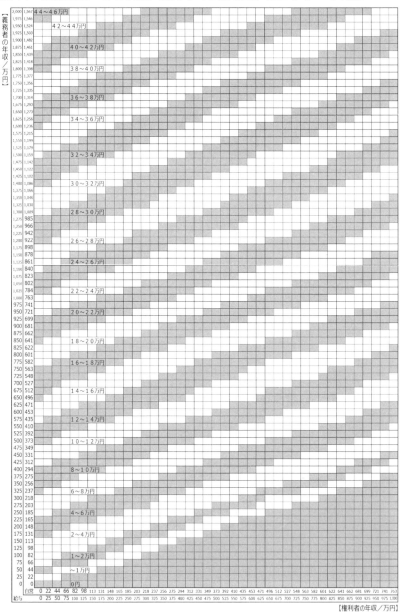

【義務者の年収／万円】

【権利者の年収／万円】

表15　婚姻費用・子2人表（第1子及び第2子15歳以上）

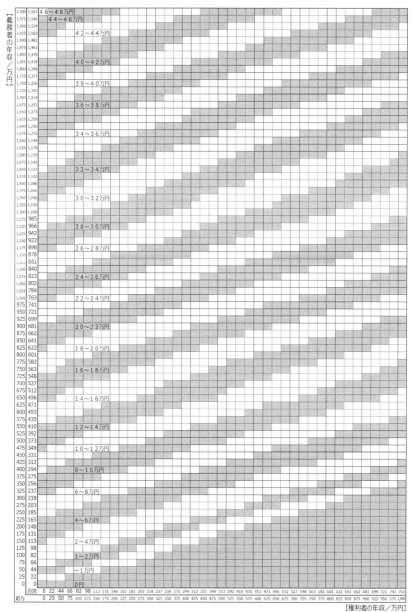

表16 婚姻費用・子3人表（第1子、第2子及び第3子0～14歳）

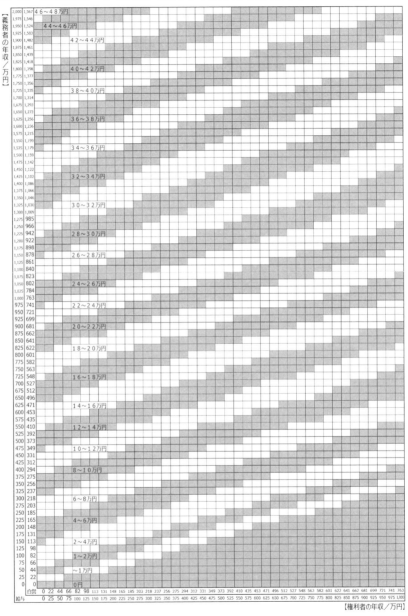

【義務者の年収／万円】

2,000	1,567	46～48万円
1,975	1,546	
1,950	1,524	44～46万円
1,925	1,503	
1,900	1,482	42～44万円
1,875	1,461	
1,850	1,439	
1,825	1,418	
1,800	1,398	40～42万円
1,775	1,377	
1,750	1,356	
1,725	1,335	38～40万円
1,700	1,314	
1,675	1,293	
1,650	1,273	
1,625	1,256	36～38万円
1,600	1,236	
1,575	1,215	
1,550	1,199	
1,525	1,179	34～36万円
1,500	1,159	
1,475	1,142	
1,450	1,122	
1,425	1,102	32～34万円
1,400	1,086	
1,375	1,066	
1,350	1,046	
1,325	1,030	30～32万円
1,300	1,009	
1,275	985	
1,250	966	
1,225	942	28～30万円
1,200	922	
1,175	898	
1,150	878	26～28万円
1,125	861	
1,100	840	
1,075	823	
1,050	802	24～26万円
1,025	784	
1,000	763	
975	741	22～24万円
950	721	
925	699	
900	681	20～22万円
875	662	
850	641	
825	622	18～20万円
800	601	
775	582	
750	563	
725	548	16～18万円
700	527	
675	512	
650	496	
625	471	14～16万円
600	453	
575	435	
550	410	12～14万円
525	392	
500	373	
475	349	10～12万円
450	331	
425	312	
400	294	8～10万円
375	275	
350	256	
325	237	
300	218	6～8万円
275	203	
250	185	
225	165	4～6万円
200	148	
175	131	
150	113	2～4万円
125	98	
100	82	1～2万円
75	66	
50	44	～1万円
25	22	
0	0	0円

自営 0 22 44 66 82 98 113 131 148 165 185 203 218 237 256 275 294 312 331 349 373 392 410 435 453 471 496 512 527 548 563 582 601 622 641 662 681 699 721 741 763

給与 0 25 50 75 100 125 150 175 200 225 250 275 300 325 350 375 400 425 450 475 500 525 550 575 600 625 650 675 700 725 750 775 800 825 850 875 900 925 950 975 1,000

【権利者の年収／万円】

表17　婚姻費用・子3人表（第1子15歳以上、第2子及び第3子0〜14歳）

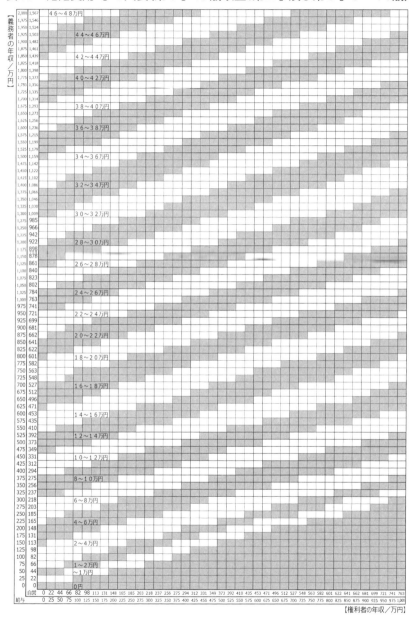

【義務者の年収／万円】

【権利者の年収／万円】

表18 婚姻費用・子3人表（第1子及び第2子15歳以上、第3子0〜14歳）

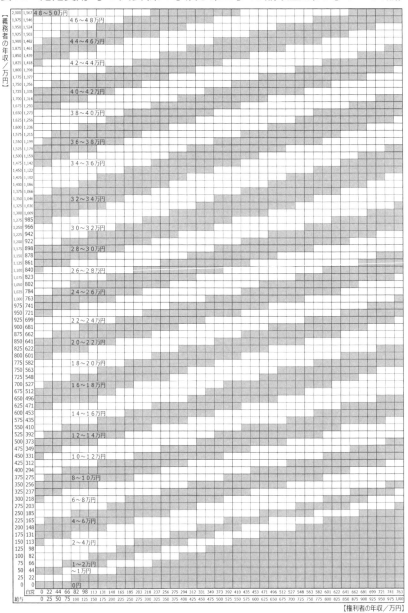

【義務者の年収／万円】

【権利者の年収／万円】

表19 婚姻費用・子3人表（第1子、第2子及び第3子15歳以上）

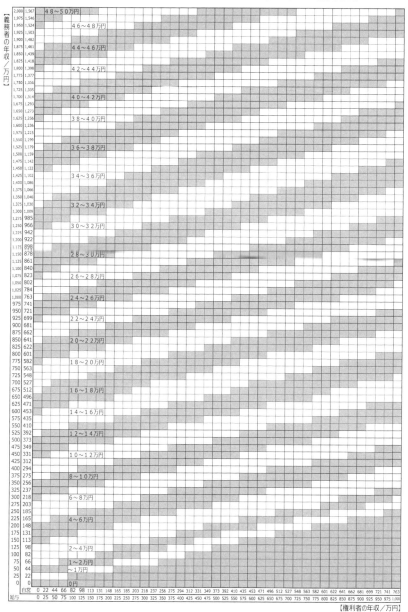

【義務者の年収／万円】

【権利者の年収／万円】

【監修者紹介】

森 公任（もり こうにん）

昭和26年新潟県出身。中央大学法学部卒業。1980年弁護士登録（東京弁護士会）。1982年森法律事務所設立。おもな著作（監修書）に、『契約実務 基本法律用語辞典』『図解で早わかり 相続・贈与のしくみと手続き』『図解で早わかり 会社法のしくみと手続き』『図解で早わかり 会社法務の基本と実務』『図解で早わかり 民法』など（小社刊）がある。

森元 みのり（もりもと みのり）

弁護士。2003年東京大学法学部卒業。2006年弁護士登録（東京弁護士会）。同年森法律事務所 入所。おもな著作（監修書）に、『契約実務 基本法律用語辞典』『図解で早わかり 相続・贈与のしくみと手続き』『図解で早わかり 会社法のしくみと手続き』『図解で早わかり 会社法務の基本と実務』『図解で早わかり 民法』など（小社刊）がある。

森法律事務所
弁護士16人体制。家事事件、不動産事件等が中心業務。
〒104-0033 東京都中央区新川2-15-3 森第二ビル
電話 03-3553-5916
http：//www.mori-law-office.com

すぐに役立つ
財産分与から慰謝料・養育費・親権・調停・訴訟まで
最新 離婚の法律相談と手続き 実践マニュアル

2020年10月30日 第1刷発行

監修者	森公任 森元みのり
発行者	前田俊秀
発行所	株式会社三修社
	〒150-0001 東京都渋谷区神宮前2-2-22
	TEL 03-3405-4511 FAX 03-3405-4522
	振替 00190-9-72758
	http://www.sanshusha.co.jp
	編集担当 北村英治
印刷所	萩原印刷株式会社
製本所	牧製本印刷株式会社

©2020 K. Mori & M. Morimoto Printed in Japan
ISBN978-4-384-04853-7 C2032